ゼロから始める

書き込み式

CD付

ドイツ語
BOOK

山路朝彦 著

成美堂出版

本書の使い方

本書は Kapitel 1〜3 の 3 つのパートで構成されており、随所に書き込み欄を設けています。付属の CD でドイツ語の音声を聞き、声に出して読みながらくり返し書くことで、発音と文法をいっしょに学んでいきます。

Kapitel **1** ドイツ語の基本

おもにドイツ語の発音、簡単な日常会話、文法的特徴を学びます。
- **発　音**
  ドイツ語の発音のポイントを 10 に絞って説明しています。**CD** を聞きながら、書き込み欄に書いて発音のきまりを覚えましょう。
- **簡単な日常会話**
  あいさつなどの簡単なフレーズをまとめてあるので、そのまま覚えてしまいましょう。
- **ドイツ語の文法的特徴**
  名詞・代名詞・動詞について説明してあります。Kapitel 2 の日常表現に入る前にドイツ語の文法的な特徴をおさえておきましょう。

Kapitel **2** 書いて覚える日常表現

Kapitel **3** 書いて覚えるステップアップ表現

Kapitel 2 では日常的に使われる表現、Kapitel 3 では少しステップアップした表現を紹介しています。**CD** を聞きながら、ひとつひとつ書いて覚えましょう。

- **●基本フレーズ**
  この Lektion で学ぶ基本型を使ったフレーズ。構成要素で区切り、対応する日本語とドイツ語を線でつないでいます。

- **●聞いて書いてみよう**
  基本型の単語を置き換えたり、アレンジした例文をあげています。書き込み欄に書きながら、**CD** の音を聞いて覚えましょう。

- **● CD トラックマーク＆トラックナンバー**

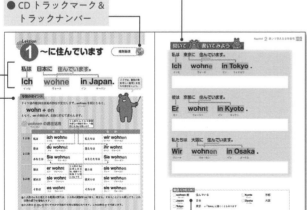

- **●学習のポイント**
  この Lektion で学ぶ文法に関する解説です。

- **●単語 CHECK！**
  この Lektion で新しく登場した単語や、関連する単語をまとめてあります。

- 各 Kapitel の最後に「おさらい練習」があります。学習した内容が身についているか確認してください。
- Kapitel 2 の Lektion 間にある「単語をまとめて覚えよう」では、単語をカテゴリーごとにまとめて覚えられます。
- 巻末には、動詞・冠詞・人称代名詞の活用表を掲載していますので参考にしてください。

📀 **CD について**

付属の CD には、CD トラックマークがついている箇所の音声が収録されています（Kapitel 1 ではドイツ語部分、Kapitel 2・3 の「基本フレーズ」は日本語→ドイツ語の順、「聞いて書いてみよう」はドイツ語部分、「単語 CHECK!」はドイツ語→日本語の順）。CD を聞き、発音しながら書くことで、ドイツ語を身につけていきましょう。

ストリーミング再生のご案内

本書付属 CD の音声を、ストリーミング再生で聞くことができます。パソコンやスマートフォンなどから、下記 URL、または QR コードにアクセスしてください。

https://www.seibidoshuppan.co.jp/audio/9784415333571

＊音声をお聞きになる際の通信費はお客様のご負担となります。

＊本サービスは予告なく終了することがありますので、ご了承ください。

■発音表記について

本書では、ドイツ語の表記を最も近いと思われるカタカナで表記していますが、完全に音が一致するわけではありません。学習するときの手がかりとして参考にしてください。

■品詞表記

単語には品詞を表す以下のようなマークをつけています。

男 男性名詞　**女** 女性名詞
中 中性名詞

動 動詞　**形** 形容詞　**副** 副詞
接 接続詞　**代** 代名詞　**前** 前置詞

ドイツ語の基本

Kapitel 1 では、ドイツ語の文字や発音、簡単な日常会話、
そして文法についての基本事項を学びます。
CD を聞いて発音を確認しながら、まずはドイツ語に親しんでください。

ドイツ語のアルファベート

アルファベットのことをドイツ語ではアルファベートと呼びます。英語と同じ26文字です。ただし読み方はかなり異なります。読み方が英語とほぼ同じなのは、F, L, M, N, O だけです。

CD 2 アルファベート CDの音をよく聞いて発音してみましょう。

A a [アー]	**H h** [ハー]	**O o** [オー]	**V v** [ファオ]
B b [ベー]	**I i** [イー]	**P p** [ペー]	**W w** [ヴェー]
C c [ツェー]	**J j** [ヨット]	**Q q** [クー]	**X x** [イクス]
D d [デー]	**K k** [カー]	**R r** [エル]	**Y y** [ユプスィロン]
E e [エー]	**L l** [エル]	**S s** [エス]	**Z z** [ツェット]
F f [エフ]	**M m** [エム]	**T t** [テー]	
G g [ゲー]	**N n** [エヌ]	**U u** [ウー]	

■ ドイツ語特有の文字

Ä ä	アー・ウムラウト
Ö ö	オー・ウムラウト
Ü ü	ウー・ウムラウト
ß	エスツェット

● Ä, Ö, Ü は A, O, U の上に ¨ がついています。この記号は「音が変わる（変音）」記号です。ドイツ語で「ウムラウト」といいます。

＊発音のしかたは「発音10のポイント」のポイント4（→ P.11）を参照してください。

● ß は「エスツェット」という文字で、小文字しかありません。ss を書き換えるときに使います。

＊発音のしかたは「発音10のポイント」のポイント7（→ P.13）を参照してください。

CD 3 ドイツ語の略語 CDのあとについて、次の略語を読んでみましょう。

CD ツェー・デー	コンパクトディスク (compact disc)	**BMW** ベー・エム・ヴェー	ドイツの車 (Bayerische Motoren Werke)
DB デー・ベー	ドイツの鉄道 (Deutsche Bahn)	**VW** ファオ・ヴェー	ドイツの車 (Volkswagen)

発音 **10**のポイント

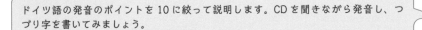

ドイツ語の発音のポイントを10に絞って説明します。CDを聞きながら発音し、つづり字を書いてみましょう。

ポイント**1** ローマ字式に読む

CD 4 母音はローマ字式に読む

a [アー]　　**e** [エー]　　**i** [イー]　　**o** [オー]　　**u** [ウー]

CD 5 子音と母音をつないで、ローマ字式に読む

例 k [カー] と組み合わせる場合：ka [カー]　ki [キー]　ku [クー]　ke [ケー]　ko [コー]

Kamera カメラ カメラ	Kamera
Kino 映画 キーノ	Kino
Kuli ボールペン クーリー	Kuli

CD 6 子音だけのときも、原則としてすべて読む

Paris パリ（地名） パリース	Paris
Frankfurt フランクフルト フランクフルト（地名）	Frankfurt

7

■ 直後に子音が1個だけ ➡ 母音を長く

Tag 昼、日 ターク	Tag	
Graz グラーツ グラーツ （オーストリアの地名）	Graz	

■ 直後に子音が2個以上 ➡ 母音を短く

Kant カント（人名） カント	Kant	
Grimm グリム（人名） グリム	Grimm	
Bonn ボン（地名） ボン	Bonn	

ポイント2 ローマ字読みの例外

次のつづりはローマ字読みと異なります。

CD 8 jと母音を組み合わせる場合 jが［ヤ行］の音になる

Japan 日本 ヤーパン	Japan	
Jürgen ユルゲン（人名） ユルゲン	Jürgen	
Johann ヨハン（人名） ヨハン	Johann	

s と母音を組み合わせる場合　　　　　　　　　　s が濁った音になる

Siemens ジーメンス ジーメンス（人名、会社名）	Siemens	
Suppe　スープ ズッペ	Suppe	
See　海、湖 ゼー	See	

 v と母音を組み合わせる場合　　　　　　　　　　v が澄んだ [フ] の音になる

Volk　民族 フォルク	Volk	
Volkswagen ヴォルクス ヴァーゲン フォルクスワーゲン	Volkswagen	

 w と母音を組み合わせる場合　　　　　　　　　　w が [ヴ] の音になる

Wagner ヴァーグナー ヴァーグナー（人名）	Wagner	
Wagen　車 ヴァーゲン	Wagen	
Wien　ウィーン（地名） ヴィーン	Wien	

Zoo　動物園 ツォー	Zoo	
Mozart モーツァルト モーツァルト（人名）	Mozart	
Zürich ツゥーリッヒ チューリッヒ（地名）	Zürich	

ポイント**3** **語末の -er, -r**

［アー］や［ァ］のように、母音化して読みます。

Bauer　バウアー（人名） バウアー	Bauer	
Fischer フィッシャー フィッシャー（人名）	Fischer	
Schiller　シラー（人名） シラー	Schiller	
Mutter　母 ムッター	Mutter	
Vater　父 ファーター	Vater	
Uhr　時、時計 ウーァ	Uhr	

ポイント4 3つのウムラウト

CD 14

■ Ä ä ➡ [ア] の口で [エ] と言います。
■ Ö ö ➡ [オ] の口で [エ] と言います。
■ Ü ü ➡ [ウ] の口で [イ] と言います（[ユ] に近い音になります）。

Ä ä [エ]	**Ö ö** [エ]	**Ü ü** [イ]（[ユ] に近い音）

Händel ヘンデル（人名） ヘンデル [ハンデル] ではなく [ヘンデル]	Händel	
Dänemark デンマーク デーネマルク	Dänemark	
Köln ケルン（地名） ケルン [コルン] ではなく [ケルン]	Köln	
Ökonomie 経済 エコノミー	Ökonomie	
München ミュンヒェン ミュンヘン（地名）	München	
Lübeck リューベック リューベック（地名）	Lübeck	

ドイツ語特有の音「ウムラウト」を CD を聞きながら練習してみよう。

3つの二重母音 ei, ie, eu(äu)

CD 15 次の3つの二重母音は読み方が変わります。

■ ei ⇒ [エイ] ではなく [アイ] と発音します。

■ ie ⇒ [イエ] ではなく [イー] と発音します。

■ eu, äu ⇒ [エウ] ではなく [オイ] と発音します。

Einstein アインシュタイン アインシュタイン （人名） [エインシュタイン] ではなく [アインシュタイン]	Einstein	
Heidelberg ハイデルベルク ハイデルベルク （地名）	Heidelberg	
Wien ウィーン（地名） ヴィーン [ヴィエン] ではなく [ヴィーン]	Wien	
Kiel キール（地名） キール	Kiel	
Freud フロイト（人名） フロイト [フレウト] ではなく [フロイト]	Freud	
Käufer 買い手, 客 コイファー	Käufer	

 読まない h

CD 16 母音のあとの h は読みません。前の母音を伸ばす記号と考えてください。

Brahms ブラームス ブラームス （人名） [ブラハムス] ではなく [ブラームス]	Brahms	
Mahler マーラー マーラー （人名）	Mahler	

ポイント**7** 特殊な文字 ß

CD 17 この文字 (ß) は「エスツェット」という名前で、ss を 1 文字で表したものです。
読むときは [ス] となります。

Strauß シュトラウス シュトラウス（人名）	Strauß
Straßburg シュトラースブルク シュトラースブルク（地名） Straß ＋ burg の合成語なので [シュト ラースブルク] と伸ばす	Straßburg

ポイント**8** 語末の -b, -d, -g

CD 18 語末の -b、-d、-g は、[プ][ト][ク] と発音します。

Jakob ヤーコプ（人名） ヤーコプ	Jakob
Freud フロイト（人名） フロイト	Freud
Hamburg ハンブルク ハンブルク （地名） [ハンブルグ] ではなく [ハンブルク]	Hamburg

ポイント**9** ch の 2 つの読み方

CD 19 **１** a, o, u, au のあとに続く場合は、のどの奥から息を吐いて発音します。

例 ach [アッハ]、och [オッホ]、uch [ウッフ]、auch [アオッホ]

２ それ以外は [ヒ] と発音します。

Bach バッハ（人名） バッハ a のあとなので、[バッヒ] とはならない	Bach
München ミュンヘン ミュンヒェン （地名） n のあとなので [ヒ]	München

CD
20 いずれも鋭い摩擦音や破裂音です。うまく発音するとドイツ語らしくなります。

sch [シュ]	st [シュト]	sp [シュプ]

Schumann シューマン シューマン（人名）	Schumann	
Schubert シューベルト シューベルト（人名）	Schubert	
Stuttgart シュトゥットガルト シュトゥットガルト（地名）	Stuttgart	
Steiner シュタイナー シュタイナー（人名）	Steiner	
Spengler シュペングラー シュペングラー（人名）	Spengler	
Sport スポーツ シュポルト	Sport	

sch [シュ]、
st [シュト]、
sp [シュプ]
はドイツ語らしい
音なんだね。

発音のおさらい

数字の 1 ～ 10 までを、まずは読んでみましょう。母音の読み替え規則や子音の読み方など、発音の基本の確認になります。

CD 21 1 から 10 まで覚えよう

1	**eins** アインス	ei は［エイ］ではなく［アイ］と読み替えます。 ＊ポイント 5（→ P.12）	eins	
2	**zwei** ツヴァイ	ei は［エイ］ではなく［アイ］、z は［ツ］と読みます。 ＊ポイント 5（→ P.12）、ポイント 2（→ P.10）	zwei	
3	**drei** ドライ	ei は［エイ］ではなく［アイ］と読み替えます。 ＊ポイント 5（→ P.12）	drei	
4	**vier** フィーァ	v は澄んだ［フ］の音、ie は［イエ］ではなく［イー］と読み替えます。 ＊ポイント 2（→ P.9）、ポイント 5（→ P.12）	vier	
5	**fünf** フュンフ	ウムラウトの ü は［ウ］ではなく［ュ］に近い音になります。 ＊ポイント 4（→ P.11）	fünf	
6	**sechs** ゼックス	se は濁った音に、chs は英語の *six* と同じように「クス」と読みます。 ＊ポイント 2（→ P.9）	sechs	
7	**sieben** ズィーベン	s は濁った音、ie は［イー］。 ＊ポイント 2（→ P.9）、ポイント 5（→ P.12）	sieben	
8	**acht** アハト	ch は a の後ろなので［ッハ］という音になります。 ＊ポイント 9（→ P.13）	acht	
9	**neun** ノイン	eu は［エウ］ではなく［オイ］と読み替えます。 ＊ポイント 5（→ P.12）	neun	
10	**zehn** ツェーン	語中の h は発音せずに、前の母音を伸ばす記号です。 ＊ポイント 6（→ P.12）	zehn	

15

簡単な日常会話を覚えよう

日常生活でよく使う表現を覚えておきましょう。
あいさつを覚えるのはコミュニケーションの第一歩です。そのほか、お礼の言葉やお願いの言葉など、ここにあげる表現を覚えるだけでも、ちょっとした会話ができて、ドイツ語を話すのがぐんと楽しくなります。

CD 22 「はい」と「いいえ」

Ja. はい。 ヤー	Ja	
Nein. いいえ。 ナイン	Nein	

CD 23 出会いのあいさつ

Guten Tag! グーテン　ターク こんにちは！	Guten Tag!	
Guten Morgen! グーテン　モルゲン おはよう！	Guten Morgen!	
Guten Abend! グーテン　アーベント こんばんは！	Guten Abend!	
Hallo! ハロー！ ハロー	Hallo!	

gut は英語の *good*、Tag は *day* にあたります。
グート　　　　　　　　　　　ターク
英語では *(Have) a good day!* にあたる表現です。若い人同士の場合などは、英語からきた Hallo! のほうが砕けた感じでよいかもしれません。
ハロー

⓸ 別れのあいさつ

Auf Wiedersehen! さよなら！
アウフ　　　　ヴィーダーゼーン

Auf Wiedersehen!

Tschüs! バイバイ！
チュス
（親しい友人同士などの間で）

Tschüs!

Gute Nacht!
グーテ　　ナハト
お休みなさい！

Gute Nacht!

Bis morgen!
ビス　　　モルゲン
また明日！

Bis morgen!

> Wiedersehen は長い言葉で覚えにくいでしょうが、分解すると
> ヴィーダーゼーン
> wieder + sehen に分かれ、それぞれ「再び」「見る、会う」を意味します。
> ヴィーダー　　ゼーン
> 合わせて、「再見」「またお会いしましょう」という意味になりますね。

㉕ お礼のあいさつ

Danke! ありがとう！
ダンケ

Danke!

Danke schön!
ダンケ　　シェーン
どうもありがとう！

Danke schön!

Vielen Dank!
フィーレン　　ダンク
どうもありがとう！

Vielen Dank!

> danke は英語の *thank* にあたる言葉です。*Thank you very much!* のように
> ダンケ
> 表現したいときは、*much* にあたる viel をつけたり、後ろに schön をつ
> フィール　　　　　　　　　シェーン
> けたりすると、よりていねいになります。

いろいろ使える Bitte!

Bitte! どうぞ！ ビッテ	Bitte!	
Cola, bitte! コーラ　ビッテ コーラをください！	Cola, bitte!	
Bitte schön! ビッテ　シェーン どういたしまして！	Bitte schön!	
Bitte? ビッテ え、なんですって？	Bitte?	
Wie bitte? ヴィー　ビッテ え、なんですって？	Wie bitte?	

英語の *please* にあたる **bitte** はいろいろな使い方ができます。
ビッテ

❶「～をどうぞ（お取りください）！」と、ものを勧めるときに使います。

❷「～をお願いします（～をください）」という意味で使えます。

❸ Danke schön!「どうもありがとう！」と言われたときに「どういたしま
ダンケ　　シェーン
して！」の意味でも使えます。

❹ wie は英語の *how* にあたる疑問詞です。語尾を上げて発音すると「え、
ヴィー
なんですって？」という聞き返しの言葉にもなります。

～はどこですか？

Wo ist die Uhr? ヴォー　イスト　ディ　ウーァ 時計はどこだろう？	Wo ist die Uhr?	
Wo ist Fritz? ヴォー　イスト　フリッツ フリッツ君はどこにいますか？	Wo ist Fritz?	

Wo ist ...? で探している人やものの場所を尋ねます。
ヴォー　イスト

18

相手のようすを尋ねる

Wie geht es Ihnen? お元気ですか？ ヴィー　ゲート　エス　イーネン	
Wie geht es Ihnen?	
Danke, gut! ありがとうございます、元気です！ ダンケ　グート	
Danke, gut!	

Danke, gut! のあとに Und Ihnen?「あなたは？」と続けて、相手のよう
ダンケ　グート　　　　　　ウント　イーネン
すも尋ねてあげましょう。

了承する

Alles klar? だいじょうぶ？ アレス　クラー	Alles klar?
Alles klar! オーケー（だいじょうぶ）！ アレス　クラー	Alles klar!
Sicher! もちろん！ ジッヒャー	Sicher!
Kein Problem! 問題ないよ！ カイン　プロブレーム	Kein Problem!

Alles klar! は英語の *OK!* にあたる言葉です。あわせて、英語の *sure* や *no*
アレス　クラー
problem にあたる言葉も覚えましょう。

～がほしいのですが

Ich möchte das hier.
イッヒ　　メヒテ　　ダス　　ヒーア
（目の前のものを指して）これがほしいのですが。

Ich möchte Cola.
イッヒ　　メヒテ　　コーラ
コーラがほしいのですが。

Ich möchte arbeiten.
イッヒ　　メヒテ　　アルバイテン
仕事がしたいのですが。

Ich möchte ～で「～がほしい」という文章になります。
イッヒ　　メヒテ

～はありますか？

Haben Sie Cola?
ハーベン　　ズィー　　コーラ
コーラはありますか？

Haben Sie Pizza?
ハーベン　　ズィー　　ピッツァ
ピザはありますか？

Haben Sie Tickets?
ハーベン　　ズィー　　ティケッツ
チケットはありますか？

直訳すると「コーラをお持ちですか？」と尋ねて、注文します。haben
ハーベン
は英語の *have* にあたる動詞です。

出会いや、別れのあいさつのときには、できるだけ
Guten Tag, Herr Kaufmann! などと、
ゲーテン　ターク　ヘア　カウフマン
相手の名前をそえましょう。

＊ Herr = *Mr.* 男性に対する敬称
ヘア

～しませんか？／～しましょう！

Trinken wir Kaffee?
トリンケン　ヴィーァ　カフェ
コーヒーを飲みませんか？

Spielen wir Fußball!
シュピーレン　ヴィーァ　フースバル
サッカーをしましょう！

「～をしませんか？」という疑問文を強く言うと「～をしましょう！」と誘う言葉になります。

この席はあいていますか？

Ist hier noch frei?
イスト　ヒーァ　ノッホ　フライ
この席はあいていますか？

Ja, hier ist noch frei. Bitte!
ヤー　ヒーァ　イスト　ノッホ　フライ　ビッテ
はい、あいていますよ。どうぞ！

レストランや乗り物などで席があいているかを尋ねるときに使います。

すみません！

Entschuldigung!
エントシュルディグング
すみません！
語末の -ng は [ク] ではなく [ング] と読みます。

Verzeihung!
フェァツァイーウング
すみません！

謝罪の言葉として使えると同時に「ちょっと、すみません！」という呼びかけの言葉としても使えます。長くて覚えにくいかもしれませんが、とっさのときに使えると便利です。Pardon! も同じように使えます。
パルドン

ドイツ語の文法的特徴

 名詞の特徴　　　＊くわしい説明は Kapitel 2、Lektion 4〜7 (→ P.38〜45)

❶ ドイツ語の名詞は大文字で書き始める

ドイツ語の名詞は「すぐに見分けられるが、性格はつかみにくい」といわれます。「ドイツ語の名詞が見分けやすい」というのは、固有名詞だけではなく、すべての名詞が大文字で書き始められるので、文章の中でも大文字で書かれた言葉が名詞だとすぐにわかるということです。
下の 例 の下線部が名詞です。

例 Mein Name ist Takashi.　Ich bin Koch.
　　　マイン　ナーメ　イスト　タカシ　　　イッヒ　ビン　コッホ

　私の名前はタカシです。　　　　　　　私はコックです。

英語にすれば *My name is Takashi. I am a cook.* となりますが、ドイツ語では、Takashi「タカシ」という固有名詞だけではなく、Name「名前」や Koch「コック」などの名詞も大文字で書き始めます。

❷ ドイツ語の名詞には「性」がある

「性格がつかみにくい」というのは、ドイツ語の名詞が、男性・女性・中性のいずれかに決まっていて、それぞれの名詞の性を覚えていないと、文の中での働きを見分けられないからです。しかも、それぞれの名詞の性は、自然の性に一致するものばかりではないどころか、一致しないものがほとんどです。

■ 自然の性に一致するものの例：

Vater 男 父　　　　**Mutter** 女 母
ファーター　　　　　　　ムッター

■ 自然の性と一致しないものの例：

Hund 男 犬　　　**Katze** 女 猫　　　**Kind** 中 子ども
フント　　　　　　カッツェ　　　　　　キント

上の例でも、現実には犬、猫、子どもにもオスかメス、男性か女性かの区別がありますが、総称した名詞として特定の性が決まっているのです。

以下の名詞をあくまでも想像やカンに頼って「男性・女性・中性」に分けてみてください。

Mond 月	**Sonne** 太陽	**Buch** 本
モーント	ゾンネ	ブーフ
Haus 家	**Fenster** 窓	**Philosophie** 哲学
ハウス	フェンスター	フィロゾフィー

答えとしては、それぞれの言葉が以下のグループに属します。

男性 ➡	**Mond** 月		
女性 ➡	**Sonne** 太陽	**Philosophie** 哲学	
中性 ➡	**Buch** 本	**Haus** 家	**Fenster** 窓

いかがでしたか？ 想像やカンでは役に立ちませんね。ひとつひとつ覚えていかなくてはならないわけです。

大変そうですが、英語以外、ほとんどのヨーロッパ言語が独自の「性」の区別をもっており、それぞれの言語で決まった性を覚えなくてはなりません。

③ 名詞の「性」は「冠詞」が表す

定冠詞 :	**der Hund** 男 犬	**die Katze** 女 猫	**das Kind** 中 子ども
	デア フント	ディ カッツェ	ダス キント
不定冠詞 :	**ein Hund**	**eine Katze**	**ein Kind**
	アイン フント	アイネ カッツェ	アイン キント

上が英語の *the* にあたる定冠詞、下が *a* にあたる不定冠詞をつけたものです。定冠詞のほうが3つとも違うので「より厳密に性を示している」といえるでしょう。

④ 名詞は冠詞をつけて覚えよう

したがって、名詞を覚えるときは、**Hund** ➡「犬」という「意味」だけではなく、**der Hund**（der がついているので男性）のように定冠詞をつけて、「性」もいっしょに覚えてしまいましょう。
フント デア フント デア

5 文章の中の働きを「格」という

ドイツ語の文章の中で、名詞が主語になるのか、目的語になるのかなどの働きを「格」といいます。「ドイツ語は性格がつかみにくい」という第2の理由は、その名詞がどういう「格」なのかをつかまないと文章の意味がとれないからです。

例 **Der Junge liebt den Hund.**
デア　　　　ユンゲ　　　リープト　　デン　　　フント

その少年はその犬を愛している。

↕

Den Jungen liebt der Hund.
デン　　　ユンゲン　　　リープト　　デア　　　フント

その少年をその犬は愛している。

例 **Ein Hund biss einen Jungen.**
アイン　　フント　　ビス　　アイネン　　　ユンゲン

1匹の犬が1人の少年にかみついた。

↕

Einen Hund biss ein Junge.
アイネン　　フント　　ビス　　アイン　　ユンゲ

1匹の犬に1人の少年がかみついた。

いずれも男性名詞　Junge「少年」と Hund「犬」を使った文章です。上段の例は定冠詞を、下
　　　　　　　　　ユング　　　　　　　　フント
段は不定冠詞をつけたものです。

意味の違いを生み出しているのは冠詞の der と den、ein と einen です。der がつくと主語に、
　　　　　　　　　　　　　　　　デア　　デン　アイン　アイネン　　デア
den がつくと目的語に、同じく ein がつくと主語に、einen がつくと目的語になっているのが
デン　　　　　　　　　　　　アイン　　　　　　　アイネン
わかると思います。文章の中での働き、すなわち「格」が変われば冠詞の形も変わるのです。
逆にいえば、冠詞の形が「格」を教えてくれているのです。

たとえば男性名詞は、
der | ein がつくと 主語 に
デア　アイン
den | einen がつくと 目的語 に
デン　アイネン
なるんだね。

24

 **複数形の作り方も覚えよう**

英語ではほとんどの名詞が *-(e)s* をつけることで複数形になりますが、*man – men* や *child – children* のように不規則な変化をして複数形を作るものがあります。ドイツ語は、この不規則な変化のものばかりです。

---

der Mann 　男　　➡　**die Männer** 　　男たち
デア　マン　　　　　　　　ディ　　メナー
　　　　　　　　　　　　　　＊ウムラウト化し、-er をつける。

das Haus 　家　　➡　**die Häuser** 　　家々
ダス　ハウス　　　　　　　ディ　　ホイザー
　　　　　　　　　　　　　　＊ウムラウト化し、-er をつける。

das Kind 　子ども　➡　**die Kinder** 　　子どもたち
ダス　キント　　　　　　　ディ　　キンダー
　　　　　　　　　　　　　　＊ -er をつける。

der Tag 　日　　➡　**die Tage** 　　日々
デア　ターク　　　　　　　ディ　ターゲ
　　　　　　　　　　　　　　＊ -e をつける。

die Nacht 　夜　　➡　**die Nächte** 　　夜々
ディ　ナハト　　　　　　　ディ　ネヒテ
　　　　　　　　　　　　　　＊ウムラウト化し、-e をつける。

＊ Kapitel 2 の Lektion 8 以降の単語 CHECK! では、ウムラウト化するときは¨で、語尾に e, er がつくときは -e, -er で示しています。

まとめ

ドイツ語の名詞は「性」と「複数形」を覚え、文中の「格」をつかめ！

つまり、ドイツ語では名詞の「性」と「複数形」を覚え、「格」を特定しないと文章の意味がわからないわけです。一見大変そうですが、名詞の「性格」を示すために、日本語ならば「て・に・を・は」を使いわけますし、英語ならば語順が大きな役割を果たします。これらにあたるのがドイツ語では「冠詞が示す格変化」というわけです。複雑なようですが、いったん覚えてしまえば、誤解の余地がなく、それが「ドイツ語は論理的で、きっちりしている」といわれるゆえんです。

代名詞の特徴

＊くわしい説明は Kapitel 2、Lektion 8 (→ P.46, 47)

ドイツ語の代名詞は下の表のとおりです。

私	**ich** イッヒ	私たち	**wir** ヴィーア
君	**du** ドゥ	君たち	**ihr** イーア
あなた	**Sie** ズィー	あなたたち	**Sie** ズィー
彼	**er** エァ		
彼女	**sie** ズィー	彼ら	**sie** ズィー
それ	**es** エス		

1 ich「私」が小文字、Sie「あなた」が大文字

1人称で、英語の *I* にあたる言葉が ich です。小文字なので注意！
イッヒ

2 2人称は2つ、du「君」と Sie「あなた」

相手との関係によって使い分けます。家族や友人などの親しい間柄では du を使います。ていねいな呼び方のほうが Sie（大文字！）です。本書では du は「君」、Sie は「あなた」と訳を変えています。
ドゥ　ズィー

3 たくさんの Sie や sie

同じつづりの sie がいくつかあります。ていねいな2人称への呼び方の「Sie あなた・あなたたち」は大文字で始まります。「彼女」と「彼ら」の sie は代名詞の形だけでは区別がつきませんが、次に説明する動詞の形から区別がつくようになります。　＊動詞の特徴 (→ P.27)。

4 代名詞も格変化

これらの代名詞も、文章の中で主語になるのか目的語になるかなど、その働きに応じて「格変化」します。

動詞の特徴

*くわしい説明は Kapitel 2、Lektion 1 (→ P.30, 31)

① 主語が変われば動詞の語尾も変わる

英語ならば「３人称単数で -s がつく」だけですが、ドイツ語ではすべての人称で動詞の語尾が変化します。

英語の *come* にあたるドイツ語の kommen（コメン）を例に、動詞の語尾変化を見てください。

ich 私 イッヒ	**komme** コメ	**wir** 私たち ヴィーア	**kommen** コメン
du 君 ドゥ	**kommst** コムスト	**ihr** 君たち イーア	**kommt** コムト
er / sie / es エァ ズィー エス 彼 / 彼女 / それ	**kommt** コムト	**sie** 彼ら ズィー	**kommen** コメン

＊２人称の Sie に対する動詞の形は、３人称複数の sie のときと同じです。
　　　　　ズィー　　　　　　　　　　　　　　　　ズィー

② 動詞が２番目、あとの語順は自由

語順は簡単です。「動詞は２番目」という決まりがあるだけです。

＊ haben の変化は、Kapitel 2、Lektion 3 (→ P.34, 35)
　　ハーベン

例 **Ich** **habe** **heute Zeit.**
　 イッヒ　ハーベ　　ホイテ　ツァイト

Heute **habe** **ich Zeit.**
ホイテ　　ハーベ　　イッヒ　ツァイト　　　　私は今日ひまがあります。

Zeit **habe** **ich heute.**
ツァイト　ハーベ　イッヒ　ホイテ

③ 疑問文は動詞を前に出すだけ

疑問文を作るときには、英語の助動詞 *do* にあたるものは必要ありません。つまり、疑問文は *Do you have ...?* ではなく、*Have you ...?* のようになります。

例 **Haben** **Sie heute Zeit?**　今日おひまがありますか？
　 ハーベン　ズィー　ホイテ　ツァイト

④ ドイツ語の時制は英語と同じ

ドイツ語の時制は、英語と同じ「現在・過去・現在完了・過去完了・未来・未来完了」の６時制です。

▶ ここまでに覚えた内容をおさらいしましょう。解答は P.110 にあります。

1 下線部の発音が他と異なるものを、下の❶～❹の中から1つ選びましょう。

❶ <u>Au</u>to　　❷ h<u>eu</u>te　　❸ Fr<u>eu</u>nd　　❹ B<u>äu</u>me

2 下線部が短く発音されるものを、下の❶～❹の中から1つ選びましょう。

❶ g<u>u</u>t　　❷ M<u>u</u>nd　　❸ r<u>u</u>fen　　❹ Z<u>u</u>g

3 「こんばんは！」の意味になるものを、下の❶～❹の中から1つ選びましょう。

❶ Guten Tag!　　　　　　❷ Guten Abend!
❸ Guten Morgen!　　　　❹ Gute Nacht!

4 "Wie geht es Ihnen?" と尋ねられたときの返事となるものを、下の❶～❹の中から1つ選びましょう。

❶ Danke, gut!　　❷ Alles klar!　　❸ Bitte schön!　　❹ Tschüs!

5 "Danke schön!" とお礼を言われました。「どういたしまして！」にあたる表現を、下の❶～❹の中から1つ選びましょう。

❶ Hallo!　　❷ Und Ihnen?　　❸ Bitte schön!　　❹ Nein, danke!

6 コーラが飲みたいのですが、逆に、そう言ったらコーラが<u>飲めなくなってしまう</u>表現を、下の❶～❹の中から1つ選びましょう。

❶ Ich möchte Cola!　　　　❷ Haben Sie Cola?
❸ Cola? Nein, danke!　　　❹ Trinken wir Cola?

7 駅（Bahnhof）に行きたいのに、駅に<u>行けなくなってしまう</u>表現を、下の❶～❹の中から1つ選びましょう。

❶ Wie komme ich zum Bahnhof?　　❷ Wo ist der Bahnhof?
❸ Ich bin jetzt im Bahnhof.　　　　❹ Ich möchte zum Bahnhof gehen.

＊ヒント：wie =「どのように」／ jetzt =「今」／ gehen =「行く」

8 「お子さんはいくつですか？」と年齢を聞いたら、"Sieben und acht." という答えが返ってきました。いくつといくつなのでしょう？　正しいものを、下の❶～❹の中から1つ選びましょう。

❶ 6歳と8歳　　❷ 7歳と9歳　　❸ 6歳と9歳　　❹ 7歳と8歳

書いて覚える日常表現

Kapitel 2 では、ドイツ語の文を構成している要素について
ひとつひとつ学習しながら、基本表現を覚えていきます。
聞いて、書いて、日常的な表現を身につけていきましょう。

1 ～に住んでいます

規則動詞　CD 35

私は　日本に　住んでいます。

Ich　wohne　in Japan.

イッヒ　　　　ヴォーネ　　　　イン　　ヤーパン

> ここでは、動詞の規則的（一般的）な変化を学びましょう。

学習のポイント

ドイツ語の動詞は語尾の部分が変化します。wohnen を例にとると、
ヴォーネン

wohn + en

となり、**-en** の部分が、主語に応じて変化します。

wohnen の現在活用
ヴォーネン

> 2人称の du と ihr は家族や親しい間柄で用い、一般的には Sie を用います

		単　　数	複　　数
1人称	私は	**ich wohne** イッヒ　ヴォーネ	私たちは **wir wohnen** ヴィーア　ヴォーネン
2人称	君は	**du wohnst** ドゥ　ヴォーンスト	君たちは **ihr wohnt** イーア　ヴォーント
2人称	あなたは	**Sie wohnen** ズィー　ヴォーネン	あなたたちは **Sie wohnen** ズィー　ヴォーネン
3人称	彼は	**er wohnt** エァ　ヴォーント	彼らは **sie wohnen** ズィー　ヴォーネン
3人称	彼女は	**sie wohnt** ズィー　ヴォーント	彼女らは **sie wohnen** ズィー　ヴォーネン
3人称	それは	**es wohnt** エス　ヴォーント	それらは **sie wohnen** ズィー　ヴォーネン

> 2人称の Sie は常に大文字。単数でも複数でも同じ Sie です

> 2人称の Sie は常に大文字。単数でも複数でも同じ Sie です

●2人称 Sie を主語とする動詞の変化は、3人称の複数形 sie「彼ら、彼女ら、それら」といつも同じです。これ以降の表では省略します。
ズィー

●3人称は er, sie, es のいずれかが主語でも同じ語尾になります。これ以降は er で代表します。
エァ ズィー エス　　　　　　　　　　　　　　　　　　　　　　　　　　　　　　エァ

聞いて 書いてみよう

私は　東京に　住んでいます。

Ich　wohne　in Tokyo .
イッヒ　　　ヴォーネ　　　イン　　トォキョウ

彼は　京都に　住んでいます。

Er　wohnt　in Kyoto .
エア　　　ヴォーント　　　イン　　キョウト

私たちは　大阪に　住んでいます。

Wir　wohnen　in Osaka .
ヴィーァ　　　ヴォーネン　　　イン　　オーサカ

単語 CHECK!

- ☐ **wohnen** 動　　住んでいる
  ヴォーネン
- ☐ **Japan**　　日本
  ヤーパン
- ☐ **Tokyo**　　東京　＊「Tokio」と書くこともあります
  トォキョウ
- ☐ **Kyoto**　　京都
  キョウト
- ☐ **Osaka**　　大阪
  オーサカ

31

2 私は〜です

sein 動詞 CD 36

sein 動詞の人称変化を学びましょう。

私は　学生　です。

Ich bin Student.
イッヒ　　ビン　　シュトゥデント

学習のポイント

上の例文の bin は、英語の be 動詞にあたる sein が変化したものです。sein は、最もよく使われる動詞です。英語でも *I am, you are, he is* ... と be 動詞が主語に応じて不規則な変化をするように、ドイツ語でも大きく変化しますので、主語とセットで覚えましょう。

 sein の現在活用

		単　数		複　数
1人称	私は	**ich bin** イッヒ　ビン	私たちは	**wir sind** ヴィーァ　ズィント
2人称	君は	**du bist** ドゥ　ビスト	君たちは	**ihr seid** イーァ　ザイト
3人称	彼は	**er ist** エァ　イスト	彼らは	**sie sind** ズィー　ズィント

職業や国籍などを述べるときは冠詞は不要。

➡ 英語では *I'm a cook.* と冠詞が入る。

例 **Ich bin Koch.**　　　私はコックです。
イッヒ　ビン　コッホ

Ich bin Japaner.　　私は日本人です。
イッヒ　ビン　ヤパーナー

前の課で説明したように、3人称単数 (er, sie, es) での動詞の形は同じになるので、er で代表します。また、2人称の「あなたは・あなたがたは Sie sind」も「彼らは sie sind」と常に同じになるので省略しています。

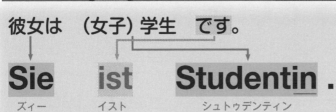

聞いて 書いてみよう

彼女は （女子）学生 です。

Sie ist Studentin .

ズィー　　　　イスト　　　　　シュトゥデンティン

＊女性の場合は、名詞の語尾に -in をつけます。

あなたは 学生 ですか？

Sind Sie Student ？

ズィント　　　　ズィー　　　　シュトゥデント

＊動詞を前に出すことで疑問文になります。

彼は サッカー選手 です。

Er ist Fußballspieler .

エア　　　　イスト　　　　　　フースバルシュピーラー

＊ドイツ語の単語はたくさんの要素をつないで造語できます。Fuß + ball + spieler = *foot* + *ball* + *player* 「サッカー選手」
　　　　　　　　　　　　　　　　　　　　　　　　　　　フース　　バル　シュピーラー

単語 CHECK!

- ☐ **Koch** 男　　コック
　　コッホ
- ☐ **Japaner** 男　日本人
　　ヤパーナー
- ☐ **Student** 男　（男子）学生
　　シュトゥデント
- ☐ **Studentin** 女　（女子）学生
　　シュトゥデンティン

- ☐ **Fußball** 男　サッカー
　　フースバル
- ☐ **Spieler** 男　選手
　　シュピーラー
- ☐ **Spielerin** 女　（女子）選手
　　シュピーレリン

33

3 ～をもっています

私は　お腹がすいて　います。

Ich habe Hunger .
イッヒ　　　　ハーベ　　　　　フンガー

英語の *have* 動詞にあたる haben 動詞の変化を学びましょう。

学習のポイント

英語の *have* 動詞にあたる haben は、Hunger haben「空腹をもっています」という形で「お腹が
すいています」という状態を表します。

一部で不規則な変化をするので、主語といっしょにまとめて覚えましょう。

haben の現在活用
ハーベン

		単　数			複　数
1人称	私は	**ich habe** イッヒ　ハーベ	-b- が落ちている	私たちは	**wir haben** ヴィーア　ハーベン
2人称	君は	**du ha|st** ドゥ　ハスト		君たちは	**ihr habt** イーァ　ハープト
3人称	彼は	**er ha|t** エァ　ハット		彼らは	**sie haben** ズィー　　ハーベン

■動詞の位置

⬇動詞が 2 番目

例 **Heute habe ich Fieber.**　今日は熱があります。
　ホイテ　　ハーベ　イッヒ　フィーバー

=

（英）*Today I have fever.*

⬇疑問文では動詞を前に！

例 **Haben Sie Fieber?**　　熱があるのですか？
　ハーベン　ズィー　フィーバー

=

（英）*Do you have fever?*

上の表で不規則な変化をしているの
は、どこかわかりますか？

規則通りなら、du hab-st、er hab-t
となるはずですが、両方とも -b- が
落ちています。その点に気をつけて
覚えてください。

聞いて　書いてみよう

私は　のどがかわいて　います。

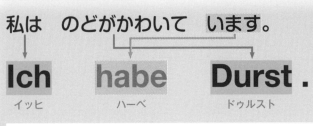

Ich **habe** **Durst** .
イッヒ　　　　ハーベ　　　　　ドゥルスト

君は　熱が　あるの？

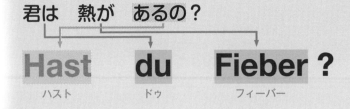

Hast **du** **Fieber** ?
ハスト　　　　ドゥ　　　　フィーバー

彼は　頭痛が　しています。

Er **hat** **Kopfschmerzen** .
エア　　ハット　　　　コップシュメルツェン

単語CHECK!

☐ **Hunger haben** フンガー　ハーベン	空腹である *(hunger)*	☐ **Kopf** 男 コップ	頭
☐ **Fieber haben** フィーバー　ハーベン	熱がある *(fever)*	☐ **Schmerz** 男 シュメルツ	痛み
☐ **Durst haben** ドゥルスト　ハーベン	のどがかわいている *(thirst)*	☐ **Kopfschmerzen haben** コップシュメルツェン　ハーベン	頭痛がする

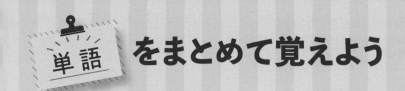

 CDを聞いて発音し、
書いて覚えましょう！

CD 38 身体の部位

例文

頭が痛いのですが。

Mein Kopf tut weh.
マイン　　コップ　トゥート　ヴェー

あぁ、頭痛ですか。

Oh, Sie haben Kopfschmerzen.
オー　　ズィー　　ハーベン　　　コップシュメルツェン

＊〜 tut weh ＝「〜が痛い」
　　　トゥート ヴェー

頭 男	der Kopf
der Kopf デア　　コップ	
髪 中	Haare
Haare (複数) ハーレ	
顔 中	das Gesicht
das Gesicht ダス　　　ゲジヒト	
目 中	das Auge
das Auge ダス　　アウゲ	
鼻 女	die Nase
die Nase ディ　　ナーゼ	
口 男	der Mund
der Mund デア　　ムント	
唇 女	die Lippe
die Lippe ディ　　リッペ	

のど 男	der Hals
der Hals デア　　ハルス	
腕 男	der Arm
der Arm デア　　アルム	
手 女	die Hand
die Hand ディ　　ハント	
腹 男	der Bauch
der Bauch デア　　バウフ	
背中 男	der Rücken
der Rücken デア　　リュッケン	
足（全体）中	das Bein
das Bein ダス　　バイン	
足（くるぶしから下）男	der Fuß
der Fuß デア　　フース	

CD 39 職業などの言い方

例文

あなたは学生ですか？
Sind Sie Student?
ズィント　ズィー　シュトゥデント

はい、医学を勉強しています。
Ja, ich studiere Medizin.
ヤー　イッヒ　シュトゥディーレ　メディチーン

＊ studieren 動　学ぶ、Medizin 女　医学
シュトゥディーレン　　　　　メディチーン

日本語	↓ -in がついたほうが女性形		
学生 **der Student** デア　シュトゥデント	**die Studentin** ディ　シュトゥデンティン	der Student	die Studentin
先生 **der Lehrer** デア　レーラー	**die Lehrerin** ディ　レーレリン	der Lehrer	die Lehrerin
パイロット **der Pilot** デア　ピロート	**die Pilotin** ディ　ピローティン	der Pilot	die Pilotin
ウエイター　ウエイトレス **der Kellner** デア　ケルナー	**die Kellnerin** ディ　ケルネリン	der Kellner	die Kellnerin
店員 **der Verkäufer** デア　フェアコイファー	**die Verkäuferin** ディ　フェアコイフェリン	der Verkäufer	die Verkäuferin
政治家 **der Politiker** デア　ポリティカー	**die Politikerin** ディ　ポリティケリン	der Politiker	die Politikerin
医者 **der Arzt** デア　アルツト	**die Ärztin＊** ディ　エルツティン	der Arzt	die Ärztin
主夫　主婦 **der Hausmann** デア　ハウスマン	**die Hausfrau** ディ　ハウスフラウ	der Hausmann	die Hausfrau

＊女性形にするとき、音にウムラウトがつくものもあります。

④ 1つの〜、あの〜

名詞の性と冠詞 CD 40

あそこに　1匹の犬が　います。

Da　ist　ein Hund .
ダァー　　イスト　　アイン　　フント

あの犬は　大きい　ですね。

Der Hund　ist　groß .
デア　　フント　　イスト　　グロース

> ドイツ語の名詞の特性である「性」を表す「冠詞」を勉強しましょう。

学習のポイント

ドイツ語の冠詞には2通りの種類があります。

❶ 英語の *a* に近い、「ある1つの」という意味で用いる「不定冠詞」=ein
アイン

❷ 英語の *the* に近い、「この、その、あの」と特定のものを示すときに用いる「定冠詞」=der
デア

わかりやすいように「父・母・子ども」で表を作ってみましょう。

定冠詞は der,die,das とすべて異なっています

	父（男性）	母（女性）	子ども（中性）
定冠詞	der Vater デア　ファーター	die Mutter ディ　ムッター	das Kind ダス　キント
不定冠詞	ein Vater アイン　ファーター	eine Mutter アイネ　ムッター	ein Kind アイン　キント

不定冠詞では男性と中性がどちらも ein で見分けがつきません

ドイツ語の名詞を覚える際には、「Vater、男性」というように覚えるのではなく、「der Vater」と
ファーター　　デア　ファーター
定冠詞をつけて覚えましょう。以降「単語 CHECK!」でも名詞には定冠詞をつけて性を示しておきます。

● 英語の *this* や *that* にあたる言葉もドイツ語にありますが、英語ほどは多用されません ＊Kapitel3, Lektion3 (→ P.74)。

聞いて 書いてみよう

あそこに　1匹の猫が　います。

Da ist eine Katze .
ダァー　　　　イスト　　　　　　アイネ　　　　　カッツェ

あの猫は　小さい　ですね。

Die Katze ist klein .
ディ　　カッツェ　　　　　　　イスト　　　　　　クライン

あそこに　1人の子どもが　います。

Da ist ein Kind .
ダァー　　　　イスト　　　　　　アイン　　　キント

あの子は　まだ小さい　ですね。

Das Kind ist noch klein .
ダス　　　キント　　　　　　イスト　　　　　　ノッホ　　　クライン

単語 CHECK!

☐ **der Hund** 男　　犬 (dog, hound)
デア　フント

☐ **die Katze** 女　　猫 (cat)
ディ　カッツェ

☐ **der Vater** 男　　父 (father)
デア　ファーター

☐ **die Mutter** 女　　母 (mother)
ディ　ムッター

☐ **das Kind** 中　　子ども (child)
ダス　キント

☐ **da** 副　　あそこ (there)
ダァー

☐ **groß** 形　　大きい、背が高い
グロース

☐ **klein** 形　　小さい
クライン

☐ **noch** 副　　まだ
ノッホ

5 1匹の犬を飼っています

冠詞の「格変化」について学びましょう。

私は　1匹の犬を　飼っています。

Ich habe einen Hund.
イッヒ　　ハーベ　　アイネン　　フント

学習のポイント

einen は不定冠詞 ein が、名詞の「格」に応じて変化したものです。名詞は、文の中で果たす役割に応じて、1格「〜が」、2格「〜の」、3格「〜に」、4格「〜を」と、4つの格をとります。そして、これらを冠詞の変化によって示します。

男性名詞の Hund「犬」を例にして、それぞれの格変化を見てみましょう。

1格	**Ein Hund ist da.** アイン　フント　イスト　ダー	1匹の犬がそこにいます。
2格	**Das ist das Haus eines Hundes.** ダス　イスト　ダス　ハウス　アイネス　フンデス	これはある犬の家です。
3格	**Ich gebe einem Hund Futter.** イッヒ　ゲーベ　アイネム　フント　フッター	私は1匹の犬にえさをあげます。
4格	**Ich habe einen Hund.** イッヒ　ハーベ　アイネン　フント	私は1匹の犬を飼っています。

＊ Futter は数えられない名詞なので不定冠詞はつきません。
フッター

不定冠詞 ein の格変化

	犬（男性）	猫（女性）	子ども（中性）
1格	**ein Hund** アイン　フント	**eine Katze** アイネ　カッツェ	**ein Kind** アイン　キント
2格	**eines Hundes** アイネス　フンデス	**einer Katze** アイナー　カッツェ	**eines Kindes** アイネス　キンデス
3格	**einem Hund** アイネム　フント	**einer Katze** アイナー　カッツェ	**einem Kind** アイネム　キント
4格	**einen Hund** アイネン　フント	**eine Katze** アイネ　カッツェ	**ein Kind** アイン　キント

2格では、2か所で変化して格を示していることがわかります。1つは冠詞の語尾、もう1つは名詞の語尾（男性と中性の2格で -(e)s がついています）が変化しています。

聞いて　書いてみよう

私は　1匹の猫を　飼っています。

Ich　habe　eine Katze .

イッヒ　　ハーベ　　アイネ　　カッツェ

＊女性名詞では1格と4格が同じ形になります。

私たちには　1人の子どもが　います。

Wir　haben　ein Kind .

ヴィーア　　ハーベン　　アイン　キント

＊中性名詞でも1格と4格が同じ形になります。

私は　1匹の犬に　えさを　あげます。

Ich　gebe　einem Hund　Futter .

イッヒ　　ゲーベ　　アイネム　　フント　　フッター

＊3格は男性と中性が同じ形になります。

単語 CHECK!

☐ **Das ist 〜**
　ダス　イスト
これは〜です

☐ **das Haus** 中
　ダス　ハウス
家

☐ **das Haus eines Hundes**
　ダス　ハウス　アイネス　フンデス
ある犬の家

　（2格は後ろからつけます）

☐ **geben** 動
　ゲーベン
与える（英語の give にあたり、目的語に「3格（〜に）」と「4格（〜を）」をもつ）

☐ **Futter geben**
　フッター　　ゲーベン
えさを与える

（das Futter は動物のえさ、das Essen が人間の食事）
　ダス　フッター　　　　　　　　ダス
　エッセン

6 その犬を 愛しています

私は　その犬を　愛しています。

定冠詞の格変化を
学びましょう。

Ich liebe den Hund .

イッヒ　　　リーベ　　　　デン　　　フント

学習のポイント

den は男性 1 格の定冠詞 der が変化したものです。前の課と同じ名詞で作った定冠詞の格変化を
見てみましょう。

	犬（男性）	猫（女性）	子ども（中性）
1格	der Hund デア フント	die Katze ディ カッツェ	das Kind ダス キント
2格	des Hundes デス フンデス	der Katze デア カッツェ	des Kindes デス キンデス
3格	dem Hund デム フント	der Katze デア カッツェ	dem Kind デム キント
4格	den Hund デン フント	die Katze ディ カッツェ	das Kind ダス キント

冠詞の語尾変化を見てみると、ほとんどが不定冠詞 ein の語尾変化と同じことがわかります。
アイン
冠詞だけを取り出して比較してみましょう。

男性名詞は
ここに注目

女性名詞は
-e と -r が特徴

中性名詞は
-s と -m が特徴

	男　性		女　性		中　性	
1格	der デア	⟷ ein△ アイン	die ディ	⟷ eine アイネ	das ダス	⟷ ein△ アイン
2格	des デス	⟷ eines アイネス	der デア	⟷ einer アイナー	des デス	⟷ eines アイネス
3格	dem デム	⟷ einem アイネム	der デア	⟷ einer アイナー	dem デム	⟷ einem アイネム
4格	den デン	⟷ einen アイネン	die ディ	⟷ eine アイネ	das ダス	⟷ ein△ アイン

語尾が指標となって、それぞれの名詞の「性」「格」を示しています。

△をつけた男性 1 格、中性 1 格・4 格で、大事な指標の -r と –s がついていないことだけ注意す
れば、「定冠詞を覚えれば、不定冠詞も自然と覚えることができる」といえます。

聞いて 書いてみよう

私は　その猫を　愛しています。

Ich　liebe　die Katze .

イッヒ　　　　　リーベ　　　　　ディ　　　カッツェ

*女性名詞では1格と4格が同じ形になります。

私たちは　その子を　愛しています。

Wir　lieben　das Kind .

ヴィーア　　　　　リーベン　　　　　ダス　　　キント

*中性名詞でも1格と4格が同じ形になります。

私は　その犬に　えさを　あげます。

Ich　gebe　dem Hund　Futter .

イッヒ　　　ゲーベ　　　　　デム　　　フント　　　　　フッター

*3格では男性と中性が同じ形になります。

単語 CHECK!

□ **lieben** 動　愛する
　リーベン

7 2匹の猫

私は　2匹の猫を　飼っています。

Ich　habe　zwei Katzen.
イッヒ　　　　ハーベ　　　　　ツヴァイ　　カッツェン

> Katzen は die Katze の複数形です。ここではドイツ語の名詞の複数形について学びましょう。

学習のポイント

名詞の複数形のタイプには次のようなものがあります。

 名詞の複数形のタイプ

単数と同じ形のままのタイプ （ウムラウトがつく場合がある）	der Spieler デァ シュピーラー	–	die Spieler ディ シュピーラー	選手
	die Mutter ディ ムッター	–	die Mütter ディ ミュッター	母
-e をつけるタイプ （ウムラウトがつく場合がある）	der Hund デァ フント	–	die Hunde ディ フンデ	犬
	der Sohn デァ ゾーン	–	die Söhne ディ ゾーネ	息子
-er をつけるタイプ （ウムラウトがつく場合がある）	das Kind ダス キント	–	die Kinder ディ キンダー	子ども
	der Mann デァ マン	–	die Männer ディ メナー	夫
-n をつけるタイプ	die Katze ディ カッツェ	–	die Katzen ディ カッツェン	猫
-s をつけるタイプ （英語やフランス語からの外来語）	das Auto ダス アオトー	–	die Autos ディ アオトース	車
	das Café ダス カフェー	–	die Cafés ディ カフェース	カフェ

● 複数形の定冠詞は、単数のときの性に関係なく、以下のものをつけます。3格以外は女性名詞の冠詞と同じですね。

	複　　数		単数の女性名詞
1格	die Kinder ディ キンダー		die Mutter ディ ムッター
2格	der Kinder デァ キンダー	⟷	der Mutter デァ ムッター
3格	den Kindern デン キンデルン		der Mutter デァ ムッター
4格	die Kinder ディ キンダー		die Mutter ディ ムッター

> 複数の3格では後に -n がつきます。ただし、die Katzen のように最初から -n がある場合と、die Autos のように -s がついている場合は -n をつけません

聞いて 書いてみよう

私は　3人の子どもが　います。

Ich　habe　drei Kinder .
イッヒ　　　　　　ハーベ　　　　　ドライ　　　　　キンダー

私は　3台の車を　持っています。

Ich　habe　drei Autos .
イッヒ　　　　　　ハーベ　　　　　ドライ　　　　アオトース

私は　その子どもたちに　1匹の犬を　あげます。

Ich gebe den Kindern einen Hund .
イッヒ　　　　ゲーベ　　　　デン　　　キンデルン　　　　アイネン　　　フント

単語 CHECK!

☐ **der Sohn – die Söhne 男**	息子 *(son)*	☐ **das Auto – die Autos 中**	車
デア　ゾーン　ディ　ゾーネ		ダス　アオトー　ディ　アオトース	
☐ **der Mann – die Männer 男**	夫	☐ **das Café – die Cafés 中**	カフェ
デア　マン　ディ　メナー		ダス　カフェー　ディ　カフェース	

8 彼を愛しています

人称代名詞 1

CD 44

私は　彼を　愛しています。

Ich　liebe　ihn .
イッヒ　　リーベ　　　イーン

> ihn は er「彼」の 4 格の形です。ここでは人称代名詞の格変化を学びましょう。

学習のポイント

人称代名詞も格変化します。下の表で見てみましょう（2格はまれにしか使われないので省略します）。

人称代名詞の格変化

		1人称	2人称（親称）	3人称		
単数	1格	ich イッヒ	du ドゥ	er エア	sie ズィー	es エス
	3格	mir ミア	dir ディア	ihm イーム	ihr イーア	ihm イーム
	4格	mich ミッヒ	dich ディッヒ	ihn イーン	sie ズィー	es エス
複数	1格	wir ヴィーア	ihr イーア	sie ズィー		
	3格	uns ウンス	euch オイッヒ	ihnen イーネン		
	4格	uns ウンス	euch オイッヒ	sie ズィー		

（表中：変化が似ています／同じ形）

3人称については、定冠詞＊ Lektion 6, 7 (→ P.42, 44) を思い出してください。それぞれの 1 格・3 格・4 格は der – dem – den（男性）、die – der – die（女性）、das – dem – das（中性）、die – den – die（複数）でした。これらと同じ語尾が人称代名詞にもついていることがわかると思います。

● 大文字で書き始める敬称の 2 人称 Sie は、常に複数 3 人称と同じですから Sie – Ihnen – Sie と変化し、やはり大文字で始まります。

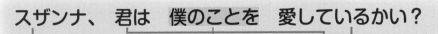
聞いて　書いてみよう

スザンナ、　君は　僕のことを　愛しているかい？

Susanna **,** liebst du mich **?**
ズザンナ　　　　　　リープスト　　ドゥ　　ミッヒ

子どもたち、　お前たちのことを　（私は）愛しているよ。

Kinder **,** ich liebe euch **.**
キンダー　　　　イッヒ　リーベ　　　　オイッヒ

私は　あなたに　手紙を　書きます。

Ich schreibe Ihnen einen Brief **.**
イッヒ　　　シュライベ　　　イーネン　　　アイネン　　ブリーフ

＊大文字で書き始める敬称の Sie は、3格でも大文字で書き始めます。
　　　　　　　　　　　　　　　　ズィー

単語 CHECK!
- ☐ **schreiben** 動　　　　　　書く
　　シュライベン
- ☐ **der Brief – die Briefe** 男　手紙
　　デァ　ブリーフ　ディ　ブリーフェ

以降の「単語 CHECK!」では、名詞の複数形を示すところに、

der Brief -e
デァ　ブリーフ

のように語尾を示し、ウムラウト化する場合は ¨ と示します。

47

9 それは〜です

私は　1匹の犬を　飼っています。

Ich　habe　einen Hund .
イッヒ　　　ハーベ　　　アイネン　　　フント

それ（彼）は　大きい　ですよ。

Er　ist　groß .
エア　　イスト　　グロース

> 人称代名詞の使い方をさらに勉強しましょう。

学習のポイント

ここでは、er が男性名詞 der Hund を受けています。英語とは違い、ドイツ語では人称代名詞を「性」に応じて、人ばかりではなく、物や事柄にも使います。例を見てみましょう。

例 **Da ist ein Hund. Er ist groß.**
ダァー イスト アイン フント　エア イスト グロース

あそこに犬がいる。あれ（彼）は大きいね。

Da ist eine Katze. Sie ist noch klein.
ダァー イスト アイネ カッツェ ズィー イスト ノッホ クライン

あそこに猫がいる。あれ（彼女）はまだ小さいね。

Da ist ein Kind. Es ist süß.
ダァー イスト アイン キント エス イスト ズース

あそこに子どもがいるよ。あれ（あの子）はかわいいなぁ。

Da sind Kinder. Sie sind süß.
ダァー ズィント キンダー ズィー ズィント ズース

あそこに子どもたちがいるよ。あれら（彼ら）はかわいいなぁ。

いずれも男性名詞は er で、女性名詞は sie で、中性名詞は es で、複数は sie で受けています。

男性名詞	→ **er** エア
女性名詞	→ **sie** ズィー
中性名詞	→ **es** エス
複数はすべて	→ **sie** ズィー

聞いて 書いてみよう

私は　1匹の猫を　飼っています。　それは　まだ赤ちゃん　です。

Ich habe eine Katze . Sie ist noch ein Baby .

イッヒ　ハーベ　アイネ　カッツェ　　ズィー　イスト　ノッホ　アイン　ベービー

＊女性名詞は sie で。

彼は　　1台の車を　持っている。　それは　まだ新しい　です。

Er hat ein Auto . Es ist noch neu .

エァ　ハット　アイン　アオトー　　エス　イスト　ノッホ　ノイ

Er hat einen Wagen . Er ist noch neu .

エァ　ハット　アイネン　ヴァーゲン　　エァ　イスト　ノッホ　ノイ

＊中性名詞は es で。　＊男性名詞は er で。

単語 CHECK!

□ **süß** 形　　　甘い、かわいい *(sweet)*
ズース

□ **das Baby** −s 中　赤ちゃん
ダス　ベービー

□ **der Wagen − die Wagen**（複数も同形）男 車
デァ　ヴァーゲン　ディ　ヴァーゲン

□ **neu** 形　　　新しい *(new)*
ノイ

⑩ あなたは誰？

あなたは　誰？

Wer sind Sie ?
ヴェア　　　　ズィント　　ズィー

ここで　何を　探しているの？

Was suchen Sie hier ?
ヴァス　　　　ズーヒェン　　ズィー　　　ヒーァ

重要な疑問詞をまとめて学んでおきましょう。

学習のポイント

英語でいう「5W1H」の疑問詞は、ドイツ語ではすべてWで始まるので「6W」になります。

Wann ...? いつ	**Wer ...?** 誰が	**Warum ...?** なぜ
ヴァン	ヴェア	ヴァルーム
Wo ...? どこで	**Was ...?** 何を	**Wie ...?** どのように
ヴォー	ヴァス	ヴィー

特徴的な使い方をするものを以下にあげておきます。

■ Was ...? は「何が（1格）」と「何を（4格）」が同じ形になります。
　ヴァス

例 **Was ist das?** これは何ですか？　　　　**Was suchen Sie?** 何を探していますか？
　ヴァス　イスト　ダス　　　　　　　　　　　　ヴァス　ズーヒェン　ズィー

■ Wer ...? は、3格が Wem ...?「誰に」、4格が Wen ...?「誰を」と格変化します。男性名詞につく
　ヴェア　　　　　　　ヴェーム　　　　　　　　ヴェーン
　定冠詞語尾と同じです。

例 **Wer hat ein Auto?** 　　　　　誰が車を持っていますか？
　ヴェア　ハット　アイン　アオトー

Wem geben Sie das Foto? 　誰にその写真をあげるのですか？
ヴェーム　ゲーベン　ズィー　ダス　フォト

Wen lieben Sie denn? 　　　いったい誰を愛しているの？
ヴェーン　リーベン　ズィー　デン

■ Wo ...? は「どこ」と場所を聞くのですが、「どこから（来たのですか）」と尋ねる場合は Woher ...?、
　ヴォー　　ヴォーヘア
「どこへ（行くのですか）」と尋ねる場合は Wohin ...? と使い分けます。
　　　　　　　　　　　　　　　　　　ヴォーヒン

例 **Wo wohnen Sie?** 　　　　　どこにお住まいですか？
　ヴォー　ヴォーネン　ズィー

Woher kommen Sie? 　　　どこからいらしたのですか？
ヴォーヘア　コメン　ズィー

Wohin gehen Sie? 　　　　どちらへいらっしゃるのですか？
ヴォーヒン　ゲーエン　ズィー

聞いて 書いてみよう

何を　飲まれますか？

Was　trinken Sie ?
ヴァス　　　　　　トリンケン　　ズィー

あなたは　どこから　来て、どちらへ　行かれるのですか？

Woher kommen Sie und wohin gehen Sie ?
ヴォーヘア　　　コメン　　　ズィー　ウント　ヴォーヒン　　ゲーエン　ズィー

あなたは　どうして　私を　愛して　くださらないの？

Warum　lieben　Sie　mich　nicht ?
ヴァルーム　　　リーベン　　　ズィー　　　ミッヒ　　　ニヒト

単語 CHECK!

☐ **suchen** 動　　探す (search)
　ズーヒェン

☐ **das Foto –s** 中　写真
　ダス　フォト

☐ **denn** 動　　いったいぜんたい
　デン

☐ **kommen** 動　来る (come)
　コメン

☐ **gehen** 動　　行く (go)
　ゲーエン

☐ **trinken** 動　飲む (drink)
　トリンケン

☐ **und** 動　　そして、〜と (and)
　ウント

☐ **nicht** 動　　〜ではない (not にあたる否定詞)
　ニヒト

51

単語 をまとめて覚えよう

 CD を聞いて発音し、書いて覚えましょう！

CD 47 交 通

例文

疲れた！タクシー使おうよ！
Müde! Nehmen wir ein Taxi!
ミューデ　　　ネーメン　　ヴィーァ　アイン　タクシー

だめ、歩きます。
Nein, wir gehen zu Fuß.
ナイン　ヴィーァ　ゲーエン　ツー　フース

* müde =「疲れた」、nehmen =「（乗り物などを）使う」
　ミューデ　　　　　　　　ネーメン

車 中	das Auto
das Auto ダス　アウトー	
車 男	der Wagen
der Wagen デア　ヴァーゲン	
バス 男	der Bus
der Bus デア　ブス	
タクシー 中	das Taxi
das Taxi ダス　タクシー	
自転車 中	das Fahrrad
das Fahrrad ダス　ファーラート	
飛行機 中	das Flugzeug
das Flugzeug ダス　フルークツオイク	
列車 男	der Zug
der Zug デア　ツーク	

オートバイ 中	das Motorrad
das Motorrad ダス　モトァーラート	
地下鉄 女	die U-Bahn
die U-Bahn ディ　ウーバーン	
歩いて	zu Fuß
zu Fuß ツー　フース	

* der Wagen は、もとは「（人・荷物を運搬する）馬
　デア　ヴァーゲン
車」を意味していましたが「自動車・車両」全般を
指すようになりました。

動物・植物など

例文

犬を飼っていますか？
Haben Sie einen Hund?
ハーベン　ズィー　アイネン　フント

はい、ダックスフントを飼っています。
Ja, ich habe einen Dachshund.
ヤー　イッヒ　ハーベ　アイネン　　　ダックスフント

大好きです。
Ich liebe ihn.
イッヒ　リーベ　イーン

＊ Dachshund = Dachs 男「アナグマ」＋ Hund 男「犬」
　　ダックスフント　　ダックス　　　　　　　　　フント

動物 中　das Tier **das Tier** ダス　ティーア	インコ 男　der Sittich **der Sittich** デア　ズィッテッヒ
犬 男　der Hund **der Hund** デア　フント	鳥 男　der Vogel **der Vogel** デア　フォーゲル
猫 女　die Katze **die Katze** ディ　カッツェ	木 男　der Baum **der Baum** デア　バウム
ブタ 中　das Schwein **das Schwein** ダス　シュヴァイン	花 女　die Blume **die Blume** ディ　ブルーメ
馬 中　das Pferd **das Pferd** ダス　フェルト	果物 中　das Obst **das Obst** ダス　オープスト
魚 男　der Fisch **der Fisch** デア　フィッシュ	リンゴ 男　der Apfel **der Apfel** デア　アッフェル
ウサギ 中　das Kaninchen **das Kaninchen** ダス　カニーンヒェン	野菜 中　das Gemüse **das Gemüse** ダス　ゲミューゼ

11 ～から来ました

私は　月から　来ました。

Ich komme aus dem Mond .
イッヒ　　　　コメ　　　　アウス　　デム　　　モーント

学習のポイント

上の文の **aus** は前置詞です。後ろの der Mond が dem Mond と 3 格になっています。英語でも
アウス　　　　　　　　　　　　　　　　デア　モーント　　　デム　モーント
前置詞がつくと *with I* ではなく *with me* というように名詞・代名詞の格が変わります。ドイツ語
は格がたくさんあるので、何格の名詞・代名詞をとるか（「格支配」といいます）によって次の 4
つのグループに分かれます。

❶ 2 格支配の前置詞	❷ 3 格支配の前置詞
❸ 4 格支配の前置詞	❹ 3 格または 4 格を支配する前置詞

この課ではまず、よく使われる❷の 3 格支配の前置詞を例に、前置詞の使い方を学びましょう。

3 格支配の前置詞

aus　～の中から	**bei**　～のもとで、の際に	**mit**　～とともに、でもって	
アウス	バイ	ミット	
nach　～へ、のあとで	**seit**　（時間的に）～から	**von**　～から、の	**zu** ～へ
ナッハ	ザイト	フォン	ツー

例 **aus Japan**　　　日本から
　　アウス　　ヤーパン

　bei der Mutter 母のもとで　　　　**bei Regen**　　　　　　　雨の際には
　　バイ　デア　ムッター　　　　　　　　　バイ　レーゲン

　mit mir　　　　私といっしょに　　　**mit dem Taxi**　　　　　タクシーで
　　ミット　ミァ　　　　　　　　　　　　　ミット　デム　タクシー

　nach Japan　　　日本へ　　　　　　**nach der Arbeit**　　　　仕事のあとに
　　ナッハ　ヤーバン　　　　　　　　　　　ナッハ　　デア　アルバイト

　seit April　　　　4 月から
　　ザイト　アプリール

　von Bremen　　ブレーメンから　　　**das Auto von Hans** ハンスの車
　　フォン　ブレーメン　　　　　　　　　　ダス　アオト　フォン　ハンス

　zu mir　　　　　私のところへ
　　ツー　ミァ

> この課から前置詞についていろいろなグループに分けて勉強していきましょう。

前置詞と定冠詞の結合形

前置詞は定冠詞と結合して 1 語になることがあります。たとえば、zu der ならば、定冠詞の最後の -r を残して
結合し zur となるのです。ほかにも、zu dem → zum、bei dem → beim、von dem → vom などがあります。
　　　　ツーア　　　　　　　　　　　　　　　　　ツー　デム　　ツム　　バイ　デム　　バイム　フォン　デム　　フォム

聞いて 書いてみよう

私は　タクシーで　東京へ　行きます。

Ich fahre mit dem Taxi nach Tokyo.
イッヒ　　　ファーレ　　　ミット　　デム　　タクシー　　　　ナッハ　　トーキョウ

雨の際には　家に　います。

Bei Regen bleiben wir zu Haus .
バイ　　　　レーゲン　　　　ブライベン　　ヴィア　　　ツー　　　ハオス

＊「家に（いる）zu Haus」「家へ（帰る）nach Haus」は熟語です。

4月から　ドイツ語を　勉強しています。

Seit April lerne ich Deutsch .
ザイト　　アプリール　　　レルネ　　イッヒ　　　　ドイチュ

単語 CHECK!

☐ **der Mond** 男 デア　モーント	月 (moon)		☐ **fahren** 動 ファーレン	（車で）行く
☐ **der Regen** 男 デア　レーゲン	雨 (rain)		☐ **bleiben** 動 ブライベン	とどまる
☐ **das Taxi −s** 中 ダス　タクシー	タクシー		☐ **lernen** 動 レルネン	学ぶ・勉強する
☐ **die Arbeit −en** 女 ディ　アルバイト	仕事		☐ **Deutsch** 中 ドイチュ	ドイツ語
☐ **April** 男 アプリール	4月 (April)			

12 ～のために…します

私は　家族のために　働いています。

4格を支配するグループに属する前置詞について学びましょう。

Ich arbeite für die Familie.

イッヒ　　アルバイテ　　フュァ　ディ　ファミーリエ

学習のポイント

この課では、4格支配の前置詞について見てみましょう。

4格支配の前置詞には以下のようなものがあります。

bis ビス	～まで	**durch** ドゥルッヒ	～を通って、通して	**für** フュァ	～のために
gegen ゲーゲン	～に対して、逆らって	**ohne** オーネ	～なしに	**um** ウム	～のまわりに

例 **bis Morgen**　　　　　朝まで
　　ビス　モルゲン

durch den Park　　　公園を抜けて
ドゥルッヒ　デン　パルク

für Elise　　　　　　エリーゼのために
フュァ　エリーゼ

gegen Fieber　　　　熱に対して
ゲーゲン　フィーバー

ohne Milch　　　　　ミルク抜きで
オーネ　ミルヒ

um den Park　　　　公園のまわりに
ウム　デン　パルク

これらの前置詞は、必ず名詞（代名詞）の4格と結びつくんだよ。

ごく少数ですが2格の名詞とともに用いられる「2格支配の前置詞」もあります。本書ではいくつかの例を示すだけにとどめます。

例 **wegen des Regens**　　　　雨のせいで *(because of)*
ヴェーゲン　デス　レーゲンス

trotz des Regens　　　　雨にもかかわらず *(in spite of)*
トロッツ　デス　レーゲンス

während des Sommers　　夏の間に *(during, in the course of)*
ヴェーレント　デス　ゾマース

聞いて 書いてみよう

私は　朝まで　働きます。

Ich　arbeite　bis Morgen .
イッヒ　　　　　アルバイテ　　　　　ビス　　　モルゲン

私は　公園を抜けて　いきます。

Ich　gehe　durch den Park .
イッヒ　　　　ゲーエ　　　　ドゥルッヒ　　デン　　バルク

私は　いつも　コーヒーを　ミルク抜きで　飲みます。

Ich trinke Kaffee immer ohne Milch .
イッヒ　トリンケ　　カフェ　　インマァ　　オーネ　　ミルヒ

単語 CHECK!

- [ ] **die Familie –n 女** 家族
  ディ　ファミーリエ
- [ ] **der Morgen 男** 朝 (morning)
  デア　モルゲン
- [ ] **der Park –s 男** 公園 (park)
  デア　バルク
- [ ] **das Fieber 中** 熱 (fever)
  ダス　フィーバー

- [ ] **die Milch 女** ミルク (milk)
  ディ　ミルヒ
- [ ] **der Sommer 男** 夏 (summer)
  デア　ゾンマー
- [ ] **der Kaffee 男** コーヒー (coffee)
  デア　カフェ
- [ ] **immer 副** いつも
  インマァ

13 ～の下に／～の下で

私の犬は　机の下に　入り、

Mein Hund　geht　unter den Tisch ，
マイン　　　　フント　　　　ゲート　　　　ウンター　　　デン　　　ティッシュ

机の下で　横たわっています。

3格・4格支配の前置詞の区別のしかたを学びましょう。

und　liegt　unter dem Tisch ．
ウント　　　リークト　　　ウンター　　　デム　　　ティッシュ

学習のポイント

例文では、unter den Tisch（4格）と unter dem Tisch（3格）の2種類が使われています。前置
ウンター　デン　ティッシュ　　　　　　　ウンター　デム　ティッシュ
詞 unter は3格をとる場合と、4格をとる場合があるということになります。このように、3格
ウンター
と4格のいずれかをとる前置詞を「3・4格支配の前置詞」と呼び、以下の9つがあります。

an アン	～のきわに	**auf** アウフ	～の上に	**hinter** ヒンタァ	～の後ろに
in イン	～の中に	**neben** ネーベン	～の横に	**über** ユーバァ	～の上方に
unter ウンター	～の下に	**vor** フォア	～の前に	**zwischen** ツヴィッシェン	～の間に

使い方は、「場所」を示す場合は3格、「方向」を示す場合は4格にします。

❶ Ich wohne in der Stadt.　　　**❷ Ich gehe in die Stadt.**
イッヒ　ヴォーネ　イン　デァ　シュタット　　　　イッヒ　ゲーエ　イン　ディ　シュタット

❶の場合は「町の中に住んでいる」と、場所を示しているので3格、❷の場合は「町の中に行く」
と、方向を示しているので4格となっています。

それぞれの前置詞の使い方の例を見てみましょう。いずれも3格で示します。

例 **an der Wand**　　　　　壁ぎわに　　　　　　**auf dem Tisch**　　　机の上に
アン　デァ　ヴァント　　　　　　　　　　　　　　アウフ　デム　ティッシュ

hinter dem Tisch　机の後ろに　　　**in der Stadt**　　　町の中に
ヒンタァ　デム　ティッシュ　　　　　　　　　　イン　デァ　シュタット

neben dem Tisch　机の横に　　　　**über dem Tisch**　机の上のほうに
ネーベン　デム　ティッシュ　　　　　　　　　　ユーバァ　デム　ティッシュ

unter dem Tisch　机の下に　　　　**vor dem Tisch**　　机の前に
ウンター　デム　ティッシュ　　　　　　　　　　フォア　デム　ティッシュ

zwischen dem Tisch und der Wand　机と壁の間に
ツヴィッシェン　デム　ティッシュ　ウント　デァ　ヴァント

58

聞いて 書いてみよう

彼は 今 ベッドに 入る。

Er geht jetzt ins Bett .
エア　　ゲート　　　イェット　　　インス　ベット

彼は すでに ベッドに 寝ている（入っている）。

Er liegt schon im Bett .
エア　　リークト　　ショーン　　　イム　　ベット

＊ ins は in と das が、im は in と dem が融合した形。

彼女は 1枚の写真を 壁に 掛ける。

Sie hängt ein Foto an die Wand .
ズィー　　ヘンクト　　　アイン　フォト　　　アン　ディ　ヴァント

＊ an は、写真を掛ける「方向」を示すので4格になります。写真が壁に「掛かっている」ならば3格です。

単語 CHECK!

- [ ] **liegen** 動　横たわる *(lie)*
  リーゲン
- [ ] **der Tisch –e** 男　机
  デア ティッシュ
- [ ] **die Stadt ⸚e** 女　町
  ディ シュタット
- [ ] **jetzt** 副　今
  イェット
- [ ] **das Bett –en** 中　ベッド
  ダス ベット
- [ ] **schon** 副　すでに、もう
  ショーン
- [ ] **die Wand ⸚e** 女　壁
  ディ ヴァント
- [ ] **hängen** 動　〜に掛ける、掛かっている *(hang)*
  ヘンゲン

14 ～より…だ

この犬は　その子より大きい　ですね。

Der Hund ist größer als das Kind.
デア　　フント　　イスト　　グレーサー　　アルス　ダス　　キント

形容詞の比較級と最上級の作り方、それらの使い方を勉強しましょう。

学習のポイント

形容詞の比較級は後ろに -er、最上級は -st をつけて作ります。ここまでは英語とそっくりですが、短い形容詞はウムラウト化するものが多いので注意してください。

	原　　級	比較級 -er	最上級 -st
小さい	**klein** クライン	**kleiner** クライナー	**kleinst** クラインスト
歳をとった	**alt** アルト	**älter** エルター	**ältest** (old – elder – eldest) エルテスト
大きい	**groß** グロース	**größer** グレーサー	**größt** グレースト

まったく不規則な変化をするものもあります。2 つだけ例を出しておきます。

よい	**gut** グート	**besser** ベッサー	**best** (good – better – best) ベスト
多い	**viel** フィール	**mehr** メーア	**meist** (many – more – most) マイスト

使い方は、

❶ 原級による比較 ⇒ 「so ＋ 原級 ＋ wie」（= so ＋ 原級 ＋ as）
　　　　　　　　　　　　　　ゾー　　　　　　　　ヴィー

　例 **Er ist so groß wie ich.**　彼は私と同じ背丈だ。
　　 エア イスト ゾー グロース ヴィー イッヒ

❷ 比較級による比較 ⇒ 「比較級 ＋ als」（比較級 ＋ than）
　　　　　　　　　　　　　　　　　　アルス

　例 **Er ist größer als ich.**　彼は私よりも背が高い。
　　 エア イスト グレーサー アルス イッヒ

❸ 最上級による比較

the largest student のように定冠詞をつけて形容詞として使うか、「am -sten」という形にして副
　　　　　　　　　　　　　　　　　　　　　　　　　　　　　　　　アム　ステン
詞的に使うかの 2 つの方法があります。

　例 **Er ist der größte Student in der Klasse.**　彼がクラスで一番背が高い学生だ。
　　 エア イスト デア グレーステ シュトゥデント イン デア クラッセ

　　 Er ist am größten in der Klasse.　　　　　彼はクラスで一番背が高い。
　　 エア イスト アム グレーステン イン デア クラッセ

聞いて 書いてみよう

君は　そのバラと同じぐらいきれい　だ。（原級）

Du bist so schön wie die Rose .
ドゥ　　　　ビスト　　　　ゾー　　シェーン　　ヴィー　　ディ　　ローゼ

君は　そのバラよりもきれい　だ。（比較級）

Du bist schöner als die Rose .
ドゥ　　　　ビスト　　　　　シェーナー　　アルス　　ディ　　ローゼ

君は　世界中で一番きれい　だ。（最上級・副詞的用法）

Du bist am schönsten in der Welt .
ドゥ　　　　ビスト　　　アム　　シェーンステン　　イン　デァ　ヴェルト

単語 CHECK!

☐ **alt** 形 アルト	歳をとった	☐ **schön** 形 シェーン	美しい、素晴らしい
☐ **gut** 形 グート	よい	☐ **die Rose –n** 女 ディ　ローゼ	バラ (rose)
☐ **viel** 形 フィール	多い、たくさんの	☐ **die Welt –en** 女 ディ　ヴェルト	世界 (world)
☐ **in der Klasse** イン デァ　クラッセ	クラスで		

61

15 ～しなさい！

命令文 CD 53

こっちへ　おいでよ！

Komm　hier her !
コム　　　　　ヒーァ　　ヘーァ

ここでは命令文の
作り方を学びま
しょう。

学習のポイント

英語の *you* にあたる2人称がドイツ語には3通りありました。近しい間柄で使う du（単数）と ihr
（複数）、それ以外の関係で使い、常に大文字で書き始める Sie です。したがって、誰に対して命令
したり、頼んだりするかで命令形が3種類に分かれてきます。

	du に対して	ihr に対して	Sie に対して
kommen	**Komm ... !** コム	**Kommt ... !** コムト	**Kommen Sie ... !** コメン　ズィ

❶ du に対して　-(e)!　　　　　　語尾の -en をとって、語幹だけを使う。-e をつけることもある。
　　ドゥ
❷ ihr に対して　–t!　　　　　　　ihr を主語とするときの動詞の形。
　　イーァ　　　　　　　　　　　　イーァ
❸ Sie に対して　–en Sie!　　　　Sie を主語とするときの形を前に置き、主語の Sie をつけて使う。
　　ズィー　　　　ズィー　　　　　ズィー

komm
hier
her!

聞いて　書いてみよう

（君）森を抜けて　行きなさい！

Geh　durch den Wald　！
ゲー　　　　　ドゥルッヒ　　デン　　ヴァルト

前 **durch** 〜を通って：
ドゥルッヒ
4格支配（→ P.56）

（君たち）おばあちゃんのところへ　行きなさい！

Geht　zur Oma　！
ゲート　　　　ツァー　オーマ

前 **zur** 〜へ：3格支配の前置詞 zu と定冠詞
ツァー　　　　　　　　　　　　　　　　　　　　　ツー
der との融合形（→ P.54）
デア

（あなた）パンとワインを　彼女に　持っていってください。

Bringen Sie　ihr　Brot und Wein　！
ブリンゲン　　ズィー　　イーァ　　ブロート　　ウント　　ヴァイン

単語 CHECK!

☐ **hier her** 副 ヒーァ ヘーァ	こちらへ	
☐ **der Wald** ⁼er 男 デァ ヴァルト	森 (woods)	
☐ **die Oma –s** 女 ディ オーマ	おばあちゃん (grandma)	

☐ **bringen** 動 ブリンゲン	持っていく (bring)
☐ **das Brot** 中 ダス ブロート	パン (bread)
☐ **der Wein** 男 デァ ヴァイン	ワイン (wine)

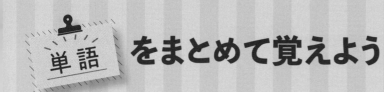

単語 をまとめて覚えよう

CD を聞いて発音し、書いて覚えましょう！

CD 54 四 季

覚えるヒント　夏と冬は英語と似ていますね。春は früh「早い、早い時期の」が隠れています。
フリュー

春	der Frühling	秋	der Herbst
der Frühling デア　フリューリング		**der Herbst** デア　ヘルプスト	
夏	der Sommer	冬	der Winter
der Sommer デア　ゾンマー		**der Winter** デア　ヴィンター	

CD 55 月の名前

覚えるヒント　英語と近いものから覚えるとよいかもしれません。

1 月 (January)	der Januar	7 月 (July)	der Juli
der Januar デア　ヤヌアー		**der Juli** デア　ユーリ	
2 月 (February)	der Februar	8 月 (August)	der August
der Februar デア　フェブルアー		**der August** デア　アウグスト	
3 月 (March)	der März	9 月 (September)	der September
der März デア　メルツ		**der September** デア　ゼプテムバー	
4 月 (April)	der April	10 月 (October)	der Oktober
der April デア　アプリール		**der Oktober** デア　オクトーバー	
5 月 (May)	der Mai	11 月 (November)	der November
der Mai デア　マイ		**der November** デア　ノベムバー	
6 月 (June)	der Juni	12 月 (December)	der Dezember
der Juni デア　ユーニ		**der Dezember** デア　デッツェムバー	

CD 56 週の名前

覚えるヒント いずれも -tag*(day)* がついていますが、水曜日だけは die Mitte デ ミット「真ん中、中間」と die Woche ディ ヴォッヘ「1週間」が隠れています。

月曜日	der Montag
der Montag デア モーンターク	
火曜日	der Dienstag
der Dienstag デア ディーンスターク	
水曜日	der Mittwoch
der Mittwoch デア ミットヴォッホ	
木曜日	der Donnerstag
der Donnerstag デア ドナスターク	

金曜日	der Freitag
der Freitag デア フライターク	
土曜日	der Samstag
der Samstag デア ザムスターク	
日曜日	der Sonntag
der Sonntag デア ゾンターク	

＊以上の四季、月、週の名前はすべて男性名詞です。

CD 57 11から19までの数字

覚えるヒント 13から19は、英語の -teen にあたる言葉 zehn ツェーン をつけます。

11	elf
elf エルフ	
12	zwölf
zwölf ツヴェルフ	
13	dreizehn
dreizehn ドライツェーン	
14	vierzehn
vierzehn フィアツェーン	
15	fünfzehn
fünfzehn フュンフツェーン	

16	sechzehn
sechzehn ゼヒツェーン	
17	siebzehn
siebzehn ジープツェーン	
18	achtzehn
achtzehn アハツェーン	
19	neunzehn
neunzehn ノインツェーン	

＊1から10までの数字（→ P.15）。

20以上の数字

覚えるヒント 「1・と・20」＝「1・und ・20」のように後ろから読みます。

20	zwanzig	22	zweiundzwanzig
zwanzig ツバンツィッヒ		**zweiundzwanzig** ツヴァイ・ウント・ツヴァンツィッヒ	
21	einundzwanzig	23	dreiundzwanzig
einundzwanzig アイン・ウント・ツヴァンツィッヒ		**dreiundzwanzig** ドライ・ウント・ツヴァンツィッヒ	

30以上の数字

覚えるヒント 2ケタの数字は、英語の -ty にあたる言葉 -zig をつけます。30だけは例外です。

30	dreißig	70	siebzig
dreißig ドライシィッヒ		**siebzig** ジープ・ツィッヒ	
40	vierzig	80	achtzig
vierzig フィーア・ツィッヒ		**achtzig** アハ・ツィッヒ	
50	fünfzig	90	neunzig
fünfzig フュンフ・ツィッヒ		**neunzig** ノイン・ツィッヒ	
60	sechzig	100	hundert
sechzig ゼヒ・ツィッヒ		**hundert** フンデルト	

1000	tausend
tausend タウゼント	
1517	tausendfünfhundertsiebzehn
tausendfünfhundertsiebzehn ¯1000¯ ¯500¯ ¯17¯ タウゼント・フュンフフンデルト・ジープツェーン	
＊年号として読むときは、「15百17」と読みます。	fünfzehnhundertsiebzehn
fünfzehnhundertsiebzehn ¯15¯ ¯100¯ ¯17¯ フュンフツェーン・フンデルト・ジープツェーン	

数字を使った表現

CD 60

■ 年齢を尋ねるとき

覚えるヒント 英語の *How old are you?* - *I'm 20 years old.* にあたる表現です。

おいくつですか？	Wie alt sind Sie?
Wie alt sind Sie? ヴィー　アルト　ズィント　ズィー	
私は 20 歳です。 *20 = zwanzig	Ich bin 20 Jahre alt.
Ich bin　20　Jahre alt. イッヒ　ビン　ツヴァン・ツィッヒ　ヤーレ　アルト	
私は 35 歳です。 *35 = fünfunddreißig	Ich bin 35 Jahre alt.
Ich bin　35　Jahre alt. イッヒ　ビン　フュンフ・ウント・ドライシィッヒ　ヤーレ　アルト	

■ 金額を示すとき

これはおいくらですか？	Wie viel kostet das?
Wie viel kostet das? ヴィー　フィール　コステット　ダス	
3 ユーロ 20 です。 * 3.20Euro = drei Euro zwanzig	Das kostet 3,20 Euro.
Das kostet　3,20 Euro. ダス　コステット　ドライ・オイロ・ツヴァン・ツィッヒ	
3 ユーロ 73 です。 * 3.73Euro = drei Euro dreiundsiebzig	Das kostet 3,73 Euro.
Das kostet　3,73 Euro. ダス　コステット　ドライ・オイロ・ドライ・ウント・ジープ・ツィッヒ	

■ 年号の言い方

ブラームスはいつ生まれたの？	Wann wurde Brahms geboren?
Wann wurde Brahms geboren? ヴァン　ヴルデ　ブラームス　ゲボーレン	
彼は 1833 年に生まれているよ。 * 1833 = achtzehnhundertdreiunddreißig	Er wurde 1833 geboren.
Er wurde　1833　geboren. エア　ヴルデ　アハツェーン・フンデルト・ドライウント・ドライシィッヒ　ゲボーレン	

● 英語と違い、年号は *in* などの前置詞をつけません。

● すでに亡くなっている人には wurde + geboren を、生きている人には sein + geboren を使います (geboren = *born*)。
ヴルデ　ゲボーレン　ザイン　ゲボーレン　ゲボーレン

67

おさらい練習

▶ ここまでに覚えた内容をおさらいしましょう。解答は P.110〜111 にあります。

1 （　）内に入れるのに最も適当な形を、下の❶〜❸の中から1つ選びましょう。

a) Ich (　　　　　) in Berlin.　　私はベルリンに住んでいます。

　　❶ wohnen　　　　❷ wohne　　　　❸ wohnt

b) Ich (　　　　　) Hunger.　　私はお腹がすいています。

　　❶ haben　　　　❷ hat　　　　❸ habe

c) (　　　　　) hier her!　　こっちへおいで！（DU に対する命令形で）

　　❶ Kommen　　　　❷ Komm　　　　❸ Kommt

2 （　）内に入れるのに最も適当な形を、下の❶〜❸の中から1つ選びましょう。

a) Haben Sie (　　　　) Hund?　　　　[ヒント] Hund は男性名詞

　　❶ ein　　　　❷ einem　　　　❸ einen

b) Ich habe (　　　) Katze.　　　　[ヒント] Katze は女性名詞

　　❶ ein　　　　❷ eine　　　　❸ einer

c) Wir lieben (　　　　) Kind.　　　　[ヒント] Kind は中性名詞

　　❶ der　　　　❷ die　　　　❸ das

3 （　）内に疑問詞 Wann / Wo / Was / Wie のいずれかを書きましょう。

a) (　　　) suchen Sie?　　何を探しているのですか？

b) (　　　) geht es Ihnen?　　お元気ですか？

c) (　　　) wohnen Sie?　　どちらにお住まいですか？

d) (　　　) kommen Sie?　　いつ来られますか？

4 （　）内に前置詞 aus / für / mit / ohne / unter のいずれかを書きましょう。

a) Ich komme (　　　　) Japan.　　　　私は日本から来ました。

b) Ich arbeite (　　　　) Sie.　　　　私はあなたのために働いています。

c) Mein Hund liegt (　　　) dem Tisch.　　　　私の犬は机の下に横たわっています。

d) Ich fahre (　　　) dem Taxi nach Tokyo.　　　　私は東京にタクシーで行きます。

e) Ich trinke Kaffee (　　　) Milch.　　　　私はコーヒーをミルクなしで飲みます。

書いて覚える
ステップアップ表現

Kapitel 3では、Kapitel 2より少しステップアップした
表現をとりあげています。
ここまで学んできた単語や文法のきまりなどを応用して、
さらに力をつけていきましょう。

1 眠る・話す・見る

私の犬は　ソファの上で　眠っています。

Mein Hund schläft auf dem Sofa .

マイン　　　フント　　　　シュレーフト　　　アウフ　　デム　　　ゾーファ

前 **auf** 〜で：3・4格支配、「場所」なので3格 (→ P.58)
アウフ

学習のポイント

この文の動詞 schläft は、schlafen の不規則変化した形です。これまで不
　　　　　　　シュレーフト　　　シュラーフェン
規則な変化をする動詞は、重要な sein と haben だけを使ってきました。
　　　　　　　　　　　　　　　ザイン　　　ハーベン
これらほど大きな変化はしないのですが、不規則な変化をする動詞のタイ
プは、❶ a → ä と、❷ e → i、❸ e → ie の3タイプがあります。

> 不規則な変化をす
> る動詞を学びま
> しょう。

❶ a → ä のタイプ　例 **schlafen** 眠る
　　　　　　　　　　シュラーフェン

> 不規則な変化をするのは、いずれも
> du と er を主語とするときです
> ドゥ　エア

ich schlafe	**du schläfst**	**er schläft**
イッヒ　シュラーフェ	ドゥ　シュレーフスト	エア　シュレーフト
wir schlafen	**ihr schlaft**	**sie schlafen**
ヴィーァ　シュラーフェン	イーァ　シュラーフト	ズィー　シュラーフェン

❷ e → i のタイプ　例 **sprechen** 話す
　　　　　　　　　　シュプレヒェン

ich spreche	**du sprichst**	**er spricht**
イッヒ　シュプレヒェ	ドゥ　シュプリヒスト	エア　シュプリヒト
wir sprechen	**ihr sprecht**	**sie sprechen**
ヴィーァ　シュプレヒェン	イーァ　シュプレヒト	ズィー　シュプレヒェン

❸ e → ie のタイプ　例 **sehen** 見る
　　　　　　　　　　ゼーエン

ich sehe	**du siehst**	**er sieht**
イッヒ　ゼーエ	ドゥ　ジーイスト	エア　ジート
wir sehen	**ihr seht**	**sie sehen**
ヴィーァ　ゼーエン	イーァ　ゼート	ズィー　ゼーエン

聞いて 書いてみよう

私は　まだ眠っていない　のに、　君は　もう眠っているのだね。

Ich schlafe noch nicht , aber du schläfst schon .
イッヒ　シュラーフェ　ノッホ　ニヒト　アーバァ　ドゥ　シュレーフスト　ショーン

私は　英語を、　君は　ドイツ語を話す。

Ich spreche Englisch , und du sprichst Deutsch .
イッヒ　シュプレヒェ　エングリッシュ　ウント　ドゥ　シュプリヒスト　ドイッチュ

僕は　彼女をずっと見ている　が、　彼女は　僕を決して見ない。

Ich sehe sie lange , aber sie sieht mich nie .
イッヒ　ゼーェ　ズィー　ランゲ　アーバァ　ズィー　ズィート　ミッヒ　ニー

単語 CHECK!

- schlafen 動　眠る
  シュラーフェン
- das Sofa -s 中　ソファ
  ダス　ゾーファ
- sprechen 動　話す
  シュプレヒェン
- sehen 動　見る
  ゼーエン
- aber 接　しかし
  アーバァ
- Englisch 中　英語
  エングリッシュ
- lange 副　長い間
  ランゲ
- nie 副　決して〜ない
  ニー

71

Lektion 2 私の〜

不定冠詞類 CD 62

私の妻は 12時間眠ります。

Meine Frau schläft 12 Stunden.
マイネ　　フラウ　　シュレーフト　ツヴォルフ　シュトゥンデン

英語の *my* にあたる mein の種類と変化を覚えましょう。

学習のポイント

mein「私の〜」には、それぞれの人称に応じた次のような種類があります。

ein に m-, d-, s- をつけたもの

	男性	女性	中性	複数
1格	mein マイン	meine マイネ	mein マイン	meine マイネ
2格	meines マイネス	meiner マイネー	meines マイネス	meiner マイネー
3格	meinem マイネム	meiner マイネー	meinem マイネム	meinen マイネン
4格	meinen マイネン	meine マイネ	mein マイン	meine マイネ

ich → mein 私の　wir → unser 私たちの
du → dein 君の　ihr → euer 君たちの
er → sein 彼の
sie → ihr 彼女の　sie → ihr 彼らの
es → sein それの

人称代名詞の uns と euch に似ているので、思い出しながら覚えましょう

ペアにして覚えましょう

＊大文字で書く Sie は Ihr もそろえて大文字にして書きます。

mein の格変化は次のとおりです。男性・女性・中性の格変化は mein のつづりから m をとった不定冠詞 ein と同じです。

●mein と同様に不定冠詞 ein と同じ格変化をするものには、ein のつづりに k をつけた kein（＝ *no*）もあります。
Ich habe kein Geld.（＝ *I have no money.*)「私はお金がありません。」 などという使い方をします。

72

聞いて 書いてみよう

あれは　私の子どもたち　です。

Das　sind　meine Kinder .

ダス　　　　　ズィント　　　　　　マイネ　　　キンダー

* Kinder が複数形なので mein に -e がついています。

* 文頭の das は "紹介の das" といって主語ではありません。「子どもたち」のほうが主語になるので、動詞が sind になっています。

私の子どもたちは　彼らの猫を　愛しています。

Meine Kinder　lieben　ihre Katze .

マイネ　　　キンダー　　　　　　リーベン　　　　　イーレ　　　カッツェ

* Kinder が複数形なので mein に -e がついています。

* Katze が女性名詞で4格になっているので ihr に -e がついています。

私は　よく　私たちの先生と　話をします。

前 **mit** 〜と：3格支配
ミット
(→ P.55)

Ich spreche oft mit unserer Lehrerin .

イッヒ　　　シュプレヒェ　　　オフト　ミット　　　ウンゼラー　　　　　レーレリン

* Lehrerin が女性3格になっているので unser に -er がついています。

単語 CHECK!

□ **die Stunde –n** 女 ディ　シュトゥンデ	時間		□ **oft** 副 オフト	しばしば
□ **das Geld** 中 ダス　ゲルト	お金		□ **die Lehrerin –en** 女 ディ　レーレリン	先生

73

3 どの〜

どの　犬が　好きですか？

Welchen Hund mögen Sie ?

ヴェルヒェン　　　　フント　　　　　メーゲン　　　　ズィー

英語の *which* にあた
る定冠詞を勉強しま
しょう。

学習のポイント

この文の **Welchen** は英語の *which* にあたり、定冠詞とほぼ同じ語尾に
ヴェルヒェン
なります。この場合は男性４格ですので、-en になっています。

このグループに属するものに **welcher** 「どの」= *which*、**solcher** 「そんな」
ヴェルヒャー　　　　　　　　　　　　　　　ゾルヒャー
= *such*、**dieser** 「この = *this*」、**jener** 「あの =*that*」などがあります。
ディーザー　　　　　　　　　イェーナー

語尾は定冠詞とほぼ同じものになります。

	男性	女性	中性	複数
1格	**welcher** ヴェルヒャー	**welche** ヴェルヒェ	**welches** ヴェルヒェス	**welche** ヴェルヒェ
2格	**welches** ヴェルヒェス	**welcher** ヴェルヒャー	**welches** ヴェルヒェス	**welcher** ヴェルヒャー
3格	**welchem** ヴェルヒェム	**welcher** ヴェルヒャー	**welchem** ヴェルヒェム	**welchen** ヴェルヒェン
4格	**welchen** ヴェルヒェン	**welche** ヴェルヒェ	**welches** ヴェルヒェス	**welche** ヴェルヒェ

● **dieser** と **jener** は、それぞれ英語の *this* と *that* にあたりますが、
ディーザー　　　イェーナー
特に近くにあるものと遠くにあるものを対比させるときなど、
英語よりも限定された使われ方がされます。

聞いて 書いてみよう

どの　パンを　食べますか、　このパンですか、　あのパンですか？

Welches Brot essen Sie , dieses oder jenes ?

ヴェルヒェス　　ブロート　　エッセン　　ズィー　　　ディーゼス　　オーダー　　イェーネス

＊いずれも中性4格の語尾になっています。

どの　猫が　好きですか、　この猫ですか、　あの猫ですか？

Welche Katze mögen Sie , diese oder jene ?

ヴェルヒェ　　カッツェ　　メーゲン　　ズィー　　ディーゼ　　オーダー　　イェーネ

＊いずれも女性4格の語尾になっています。

そんな男を　まだ　愛しているのかい？

Liebst du noch solchen Mann ?

リープスト　　ドゥ　　ノッホ　　　ゾルヒェン　　　マン

＊男性4格の語尾 -en がついています。

単語 CHECK!

☐ **mögen** 動 メーゲン	～を好む (→ P.82参照)	☐ **essen** 動 エッセン	食べる
☐ **Brot** 中 ブロート	パン	☐ **oder** 接 オーダー	または

4 雨が降っています

非人称主語 CD 64

今日は　　雨が降っています。

Es regnet　heute.
エス　　　　レーグネット　　　　　ホイテ

Es を主語にする表現をまとめて学びましょう。

学習のポイント

上の例文では、主語である es が英語の *it* にあたり、英語の *It rains.* と同じ構造と意味になります。
Es を主語にする表現には、次のようなものがあります。

❶ 天候を示す表現

例 **Es regnet.**　　雨が降る。　　　　**Es schneit.**　　雪が降る。
エス　レーグネット　　　　　　　　　　　エス　　シュナイト

Es donnert.　　雷が鳴る。
エス　　ドンネルト

❷ 暑さ、寒さを表す表現

例 **Es ist kalt.**　　寒い。　　　　**Es ist warm.**　　暖かい。
エス　イスト　カルト　　　　　　　　　　エス　イスト　　ヴァルム

Es ist mir kalt.　私は寒い。
エス　イスト　ミーァ　カルト

＊「私は寒い」ということを表現するには ich の3格 mir を入れます。
イッヒ　　　　ミーァ

❸ 時刻を表す表現

例 **Es ist 3 Uhr.**　3時です。
エス　イスト　ドライ　ウーァ

その他のよく使われる表現として、

❹ あいさつの表現

例 **Wie geht es Ihnen?**　お元気ですか？　　**Es geht mir gut!**　元気です！
ヴィー　ゲート　エス　イーネン　　　　　　　　エス　ゲート　ミーァ　グート

＊「あなたは」「私は」ということを表現するとき、Sie の3格、ich の3格を入れます。
ズィー　　　　　　イッヒ

❺「〜がある」と存在を表す表現：Es gibt ＋ 4格
エス　ギフト

例 **Es gibt einen Tisch.**　机が1台あります。
エス　ギフト　アイネン　ティッシュ

＊ Es gibt 〜　のあとは4格にして入れます（einen Tisch は男性4格）。
エス　ギフト　　　　　　　　　　　　　　アイネン　ティッシュ

聞いて 書いてみよう

夜中に　雪が降る。

Es schneit　in der Nacht .

エス　　シュナイト　　イン　デァ　　ナハト

寒くはありませんか？

Ist es Ihnen nicht kalt ?

イスト　エス　　イーネン　　ニヒト　　カルト

＊ Ihnen は Sie の3格。
イーネン　　ズィー

この動物園には　パンダが1頭います。

In diesem Zoo　gibt es einen Panda .

イン　　ディーゼム　　ツォー　　ギプト　エス　アイネン　　パンダ

＊ es gibt~「～がいる、ある」のあとは4格。
エス ギプト

単語 CHECK!

□ **heute** 副 ホイテ	今日		□ **der Tisch** –e 男 デァ ティッシュ	机
□ **regnen** 動 レーグネン	雨が降る（es を主語に）		□ **die Nacht** ¨e 女 ディ ナハト	夜
□ **schneien** 動 シュナイエン	雪が降る（es を主語に）		□ **der Zoo** –s 男 デァ ツォー	動物園
□ **die Uhr** –en 女 ディ ウーァ	～時、時計		□ **der Panda** –s 男 デァ パンダ	パンダ

5 ～できません

CD 65

私は　眠れない。

Ich kann nicht schlafen .

イッヒ　　　カン　　　　ニヒト　　　　　シュラーフェン

> 話し手のさまざまな判断を表す助動詞の使い方を学びましょう。

学習のポイント

この文の **kann**（カン）は英語の *can* にあたる助動詞です。

können「～できる」 ケネン	**müssen**「～せねばならない」 ミュッセン
dürfen「～してよい」 ドゥルフェン	**wollen**「～するつもりである」 ヴォレン
sollen「～すべきである」 ゾレン	**mögen**「～を好む」 メーゲン

この課ではその中でも代表的な **können**（ケネン）を例にして説明します。

右の活用を見てみると、単数の部分が英語の *can* に似た形に変わり、複数では元に戻っています。

語尾を注意して見ると、**ich**（イッヒ）のところで **–e** がつかず、**er**（エァ）のところでも **–t** がつかずに、いずれも **kann**（カン）になっています（これらは次の課から紹介する他の助動詞にも共通です）。

次に、使い方を見てみましょう。

	können
ich	**kann** カン
du	**kannst** カンスト
er	**kann** カン
wir	**können** ケネン
ihr	**könnt** ケント
sie	**können** ケネン

* müssen , dürfen は Kapitel 3、
ミュッセン　ドゥルフェン
Lektion 6 (→ P.80)

* wollen, sollen, mögen は Kapitel 3、
ヴォレン　ゾレン　メーゲン
Lektion 7 (→ P.82)

例 **Ich kann nicht schlafen.**　　私は眠れない。
イッヒ　カン　ニヒト　シュラーフェン

助動詞の **kann**（カン）がきて、英語ならば *can* のすぐ後ろに原形がくるのですが、ドイツ語では文章の最後に **schlafen**（シュラーフェン）という原形（ドイツ語では「不定形」[主語によって定められていない形という意味] といいます）が置かれます。

例 **Ich kann heute Nacht noch nicht schlafen.**　私は今夜まだ眠れない。
イッヒ　カン　ホイテ　ナハト　ノッホ　ニヒト　シュラーフェン

聞いて 書いてみよう

私は　ドイツ語が　話せます。

Ich 　 **kann** 　 **Deutsch** 　 **sprechen** .
イッヒ　　　　カン　　　　　ドイチュ　　　　　　シュプレヒェン

明日　雨が降るかもしれない。

Es kann 　 **morgen** 　 **regnen** .
エス　　カン　　　　　モルゲン　　　　　レーグネン

＊推量や可能性の表現にも使えます。

あなたは　何でもできるのですね！

Sie 　 **können alles** ！
ズィー　　　　　ケネン　　　アレス

＊不定形なしで、単独でも使えます。

単語 CHECK!

☐ **heute Nacht** 副　　今夜に
　　ホイテ　ナハト

☐ **morgen** 副　　明日に（「朝」は der Morgen）
　　モルゲン　　　　　　　　　　　　　　　　デア　モルゲン

☐ **alles** 代　　すべてのもの（何でも）
　　アレス

6 ～しなければ なりません

明日は　早起きしなくっちゃ。

Ich muss　morgen　früh aufstehen .

イッヒ　　　ムス　　　　　　モルゲン　　　　　フリュー　　　アウフシュテーエン

学習のポイント

文中の **muss** は、英語の *must* にあたる助動詞です。
前の課に続いて、**müssen**（ミュッセン）と **dürfen**（ドゥルフェン）（= *may*）という 2 つの助動詞の活用
を見ていきましょう。

前の課に続いて話
法の助動詞を勉強し
ましょう。

müssen, dürfen の活用表
ミュッセン　　　ドゥルフェン

	müssen	dürfen
ich	muss ムス	darf ダルフ
du	musst ムスト	darfst ダルフスト
er	muss ムス	darf ダルフ
wir	müssen ミュッセン	dürfen ドゥルフェン
ihr	müsst ミュッスト	dürft ドゥルフト
sie	müssen ミュッセン	dürfen ドゥルフェン

können と同じようにやはり、単数を主語にするとき大きく形が変わること、複数主語のときは
ケネン
元に戻ること、**er** のところで **-t** がつかずに **ich** のときの形と同じになっていることがわかります。
エア　　　　　　　　　　　　　　　　　イッヒ

● **müssen** の意味は「～ねばならない」「～に違いない」など、**dürfen** の意味は「～してよい」などです。
ミュッセン　　　　　　　　　　　　　　　　　　　　　　　　ドゥルフェン

聞いて　書いてみよう

あなたは　たくさん　学ばなければならない。

Sie　müssen　viel　lernen.
ズィー　　　　　ミュッセン　　　　フィール　　　　レルネン

もう　家に　帰らなくては！

Ich muss　schon　nach Haus！
イッヒ　ムス　　　　ショーン　　　　　ナッハ　ハウス

＊本来ならば ... nach Haus gehen というべきところですが、gehen を省略しても意味がわかるので müssen が単独で使われています。
　　　　　　　ナッハ ハウス ゲーベン　　　　　　　ゲーベン　　　　　　　　　　　　　　　　ミュッセン

ここに　駐車していいですか？

Darf　ich hier　parken？
ダルフ　　　　イッヒ　ヒィーア　　　　パルケン

あなたは　ここに　駐車してはいけません。

Sie　dürfen　hier　nicht parken.
ズィー　　　ドゥルフェン　　　ヒーア　　　　ニヒト　　　パルケン

＊「許可」を意味する dürfen は、nicht がつくと「禁止」の意味になります。
　　　　　　　　　　ドゥルフェン　　ニヒト

単語 CHECK!

- □ **früh** 形　（時間が）早い
  フリュー

- □ **aufstehen** 動　起きる
  アウフシュテーエン

- □ **nach Haus gehen**　家へ帰る
  ナッハ　ハウス　ゲーエン

- □ **parken** 動　駐車する
  パルケン

81

Lektion

7 〜するつもりです

残りの3つの助動詞（wollen, sollen, mögen）の使い方を学びましょう。

彼は　医者に　なるつもりです。

Er will Arzt werden .
エア　ヴィル　アルツト　ヴェールデン

学習のポイント

文中の **will** は、英語の *will* にあたる助動詞です。
残った3つの助動詞の活用を見ていきましょう。

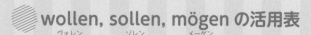

wollen, sollen, mögen の活用表
ヴォレン　　ゾレン　　メーゲン

	wollen	sollen	mögen
ich	will ヴィル	soll ゾル	mag マーク
du	willst ヴィルスト	sollst ゾルスト	magst マークスト
er	will ヴィル	soll ゾル	mag マーク
wir	wollen ヴォレン	sollen ゾレン	mögen メーゲン
ihr	wollt ヴォルト	sollt ゾルト	mögt メークト
sie	wollen ヴォレン	sollen ゾレン	mögen メーゲン

■ **wollen** は「〜するつもりである」や、英語の *Let's ...!* にあたる「〜しよう」などの意味があります。
ヴォレン

■ **sollen** は「〜すべきである」や、他者の意見を確認する意味があります。
ゾレン

他者の意見をたずねる例をあげます。

例 **Soll ich das essen?**　これを食べなければいけない？（相手の意思をたずねている）
ゾル　イッヒ　ダス　エッセン

■ **mögen** は「〜を好む」や英語の *may* にあたる「〜かもしれない」などの意味があります。
メーゲン

「〜かもしれない」の例文をあげます。

例 **Sie mag 20 Jahre alt sein.**　彼女は二十歳くらいかな。（英語の *may be* にあたる）
ズィー　マーク　ツヴァンツィヒ　ヤーレ　アルト　ザイン

聞いて　書いてみよう

踊ろうぜ！

Wollen wir tanzen !

ヴォレン　　ヴィーア　　タンツェン

* 常に **wir** を主語として、Wollen wir ...! の形で「〜しよう」と促す表現です。
ヴィーア　　　　　　ヴォルフ ヴィーア

あなたは　すぐに　ベッドに入らなくては。

Sie sollen gleich ins Bett gehen .

ズィー　　ゾレン　　グライッヒ　　インス　ベット　　ゲーエン

* **ins** は前置詞 in と中性4格の冠詞 das が融合した形です。
インス　　　イン　　　　　　　ダス

お魚が好き。　あなたもお魚が　お好き？

Ich mag Fisch . Mögen Sie auch Fisch ?

イッヒ　マーク　フィッシュ　　　メーゲン　　ズィー　アオッホ　フィッシュ

単語 CHECK!

- □ **der Arzt** ⸚e 男　　医者
  デア アルツト
- □ **werden** 動　　〜になる
  ヴェールデン
- □ **das Jahr** – e 中　　年、齢
  ダス　ヤール
- □ **tanzen** 動　　ダンスをする
  タンツェン

- □ **gleich** 副　　すぐに
  グライッヒ
- □ **der Fisch** – e 男　　魚
  デア フィッシュ
- □ **auch** 副　　〜もまた
  アオッホ

8 ～するでしょう

未来形 　CD 68

君のためなら　何でもするよ。

Für dich　werde ich alles tun .

フュア　ディッヒ　　ヴェールデ　イッヒ　アレス　トゥーン

前 **für** ～のため：4格支配（→ P.56）
フュア

学習のポイント

文中で、助動詞 werden を不定形（この場合は tun）と組み合わせると、未来形ができます。英語
の「*will / shall* ＋原形」ですね。
まずは、**werden** の活用を見てみましょう。不規則な変化をします。
ヴェールデン

未来形を作る werden の活用表
ヴェールデン

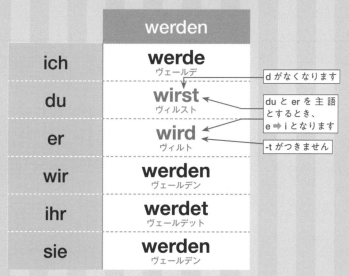

	werden
ich	**werde** ヴェールデ
du	**wirst** ヴィルスト
er	**wird** ヴィルト
wir	**werden** ヴェールデン
ihr	**werdet** ヴェールデット
sie	**werden** ヴェールデン

d がなくなります

du と er を主語
とするとき、
e ➡ i となります

-t がつきません

ドイツ語の未来形
は純粋に未来のこと
を言うより、ここま
で学んだ話法の助動
詞のような使い方の
ほうが多いので、こ
こで勉強します。

上の例文のように1人称と用いて「～するつもりだ」（意
志）を表したり、右ページの2つ目、3つ目の例文のよ
うに、3人称と用いて「～でしょう」（推量）を表したり
します。

聞いて 書いてみよう

君のことを　永遠に愛するよ。

Ich werde dich ewig lieben .
イッヒ　　ヴェールデ　　　ディッヒ　　　エーヴィッヒ　　　リーベン

＊意志を表す。

妻は　間もなく来るでしょう。

Meine Frau wird bald kommen .
マイネ　　　　　フラウ　　　　ヴィルト　　バルト　　　　コメン

＊未来への推量。

妻は　今まだ眠っているでしょう。

Meine Frau wird jetzt noch schlafen .
マイネ　　　　　フラウ　　　　ヴィルト　　エッツト　　ノッホ　　　シュラーフェン

＊現在のことへの推量。

単語 CHECK!

- ☐ **tun** 動　　〜する
  トゥーン
- ☐ **ewig** 形　　永遠の、永遠に
  エーヴィッヒ
- ☐ **bald** 副　　間もなく
  バルト

9 ～から降ります

分離動詞 CD 69

私は　ここで降ります。

Ich steige hier aus .

イッヒ　　　　シュタイゲ　　　ヒーァ　　　アウス

ドイツ語に特有な分離動詞について学びましょう。

学習のポイント

文の最後にある aus はすでに勉強した前置詞の中にありましたが (→ P.54)、ここでは動詞の一部
アウス
として使われています。動詞 steigen と結びついて「(乗り物から) 降りる」の意味になります。
シュタイゲン
英語では *get off* のようにイディオムになるのですが、ドイツ語では前置詞や副詞が前つづりに
なって融合します。

> 分離動詞＝分離する前つづり＋動詞

例 **aussteigen = aus ＋ steigen**
アウスシュタイゲン　　　アウス　　　シュタイゲン

このグループに属する動詞は、分離動詞と呼ばれ、上の例文のように、分離して前つづりが文章
の最後に置かれます。
辞書で意味を調べるときは、文章の最後の前つづりをつけた不定形で探します。
また、文章の中で不定形で使われるときは、当然前つづりをつけた形になります。

例 **Ich muss hier aussteigen.**　　私はここで降りなければならない。
イッヒ　　ムス　　ヒーァ　　アウスシュタイゲン

■ 代表的な分離の前つづり

くっついたり、離れたり
忙しいなぁ。

ab-	**an-**	**auf-**	**aus-**
アップ	アン	アウフ	アウス
bei-	**ein-**	**her-**	**hin-**
バイ	アイン	ヘァ	ヒン
mit-	**nach-**	**vor-**	**zu-**
ミット	ナッハ	フォァ	ツー

など

聞いて 書いてみよう

私は ケルンで乗車します。

Ich steige in Köln ein .
イッヒ　シュタイゲ　イン　ケルン　アイン

あなたは 横浜で乗り換えなければなりません。

Sie müssen in Yokohama umsteigen .
ズィー　ミュッセン　イン　ヨコハマ　ウムシュタイゲン
＊不定形で使われる場合。

彼は 7時に京都に着きます。

Er kommt um 7 Uhr in Kyoto an .
エア　コムト　ウム　ズィーベン　ウーア　イン　キョート　アン

単語 CHECK!

- [ ] **aus | steigen** 動　降りる
  アウス　シュタイゲン
- [ ] **ein | steigen** 動　乗る
  アイン　シュタイゲン
- [ ] **um | steigen** 動　乗り換える
  ウム　シュタイゲン
- [ ] **an | kommen** 動　到着する
  アン　コメン
- [ ] **um ～ Uhr**　～時に
  ウム　ウーア

～でした

過去 CD 70

> 過去形の作り方を勉強しましょう。

昨日は　どこに　いたの？

Wo warst du gestern ?

ヴォー　　ヴァールスト　　ドゥ　　ゲステルン

学習のポイント

この文の動詞 war は sein の過去の形です。英語の *be - was* の関係にあたります。そして、主語の du に応じた活用をして、warst となります。

過去形を作るとき、英語と同様に、規則変化動詞と不規則変化動詞のグループに分かれます。

❶ 規則変化動詞

英語で *-ed* をつけるように、ドイツ語では **-te** をつけて作ります。

lernen → **lern + te** → **lernte**　学ぶ　　　　**lieben** → **lieb + te** → **liebte**　愛する
レルネン　　　　　　　　　　レルンテ　　　　　　リーベン　　　　　　　　　　リープテ

❷ 不規則変化動詞

英語の *be* や *have* などの不規則な変化をする動詞と同様に、1つずつ覚えていきましょう。

sein → **war**　～である・いる　　**haben** → **hatte**　持っている　　**kommen** → **kam**　来る
ザイン　　ヴァー　　　　　　　　　　　ハーベン　　ハッテ　　　　　　　　　　コメン　　　カーム

過去形の活用

現在形と同様に、過去形も主語に応じて変化します。規則動詞も不規則動詞も共通の語尾変化をします。

規則動詞　lernen		不規則動詞　sein	
ich lernte△ イッヒ　レルンテ	**wir lernten** ヴィーァ　レルンテン	**ich war△** イッヒ　ヴァー	**wir waren** ヴィーァ　ヴァーレン
du lerntest ドゥ　レルンテスト	**ihr lerntet** イーァ　レルンテット	**du warst** ドゥ　ヴァールスト	**ihr wart** イーァ　ヴァールト
er lernte△ エァ　レルンテ	**sie lernten** ズィー　レルンテン	**er war△** エァ　ヴァー	**sie waren** ズィー　ヴァーレン

特に、**ich** と **er** を主語にするとき（表中△の部分）、過去の基本形だけで、現在形のように **-e** や **-t**
イッヒ　　エァ
をつけない点に注意してください。

聞いて 書いてみよう

昨日は　時間がありませんでした。

Gestern　hatte ich keine Zeit .

ゲステルン　　　　　　ハッテ　　イッヒ　　カイネ　　　ツァイト

＊ **keine Zeit** (= *no time*)、**kein** は名詞を否定する冠詞で、**die Zeit** が女性名詞なので -e がついています (⇒ P.72)。
カイネ ツァイト　　　　　　　　　　カイン　　　　　　　　　　　　　　　　　　　　　ディ ツァイト

昨日、　雨が降りました。

Gestern　regnete es .

ゲステルン　　　　　レーグネッテ　　エス

＊動詞 **regnen** の場合、単純に -te をつけると **regnte** となり、子音が並んで発音しにくいので、口調上の -e- が添えられます。
　　　　　レーグネン　　　　　　　　　　　　　　レーグンテ

昨日、　たくさんの友人たちが　うちに　来てくれました。

Gestern kamen viele Freunde zu mir .

ゲステルン　　　　カーメン　　　フィーレ　　フロインデ　　　ツゥー　ミア

前 **zu** 〜に：3格支配 (⇒ P.54)
　　ツゥー

単語CHECK!

☐ **gestern** 副 ゲステルン	昨日	☐ **es regnet** 動 エス レーグネット	雨が降る
☐ **die Zeit** 女 ディ ツァイト	時間、ひま	☐ **der Freund** –e 男 デア フロイント	友人

11 〜しました

動詞の三基本形 CD 71

「過去分詞」の作り方を学びましょう。

昨日　君を見かけたよ。

Gestern habe ich dich gesehen.

ゲステルン　　ハーベ　イッヒ　ディッヒ　　ゲゼーエン

学習のポイント

前の課で学んだ「過去基本形」とあわせて、それぞれの動詞の「不定形―過去基本形―過去分詞」が基本的な情報となります。これを「三基本形」と呼びます。

規則動詞の三基本形

過去基本形は -te をつける

過去分詞は前後に ge- と -t をつける

	不定形 -en	過去基本形 -te	過去分詞 ge-t
学ぶ	**lernen** レルネン	**lernte** レルンテ	**gelernt** ゲレルント
愛する	**lieben** リーベン	**liebte** リープテ	**geliebt** ゲリープト

不規則動詞の三基本形

不規則な動詞は1つずつ覚えていきましょう。

	不定形	過去基本形	過去分詞
〜である・いる	**sein** ザイン	**war** ヴァー	**gewesen** ゲヴェーゼン
持っている	**haben** ハーベン	**hatte** ハッテ	**gehabt** ゲハープト
見る	**sehen** ゼーエン	**sah** ザー	**gesehen** ゲゼーエン
来る	**kommen** コメン	**kam** カーム	**gekommen** ゲコメン

● 次ページの文は、これらの「過去分詞」を使った現在完了形の例文です。完了形の作り方については次の課でくわしく勉強します。

聞いて 書いてみよう

彼は 私を 長くは 愛してくれませんでした。

Er hat mich nicht lange geliebt .
エア ハット ミッヒ ニヒト ランゲ ゲリープト

あなたは トーマスを 見かけませんでしたか？

Haben Sie Thomas nicht gesehen ?
ハーベン ズィー トーマス ニヒト ゲゼーエン

スーパーマーケットで 何を 買ったの？

Was hast du im Supermarkt gekauft ?
ヴァス ハスト ドゥ イム ズーパーマルクト ゲカウフト

単語 CHECK!

☐ **der Supermarkt** ‥e 男　　スーパーマーケット
デア　ズーパーマルクト

☐ **kaufen - kaufte - gekauft** 動　　買う（規則動詞）
カウフェン　カウフテ　ゲカウフト

12 ～に行きました

現在完了1 **CD 72**

昨日は　ケルンに行ったんだよ。

Gestern bin ich nach Köln gefahren.

ゲステルン　　　ビン　イッヒ　ナッハ　　ケルン　　　ゲファーレン

助動詞に sein をとる完了形について学びましょう。

学習のポイント

大部分の完了形は「haben + 過去分詞」になります。したがって、逆に特殊である上の文のような sein を助動詞にするものを覚えましょう。それ以外はすべて haben をとるということです。
ハーベン

 「sein + 過去分詞」となる場合

❶自動詞（「～を」にあたる4格目的語をとらない）で

a) 場所の移動を表す「行く、来る」などの動詞：gehen, kommen
ゲーエン　コメン

b) 状態の変化を表す「～になる」などの動詞：werden
ヴェルデン

❷上の❶に対して例外となるいくつかの動詞：sein, bleiben
ザイン　ブライベン

sein は「ある」、bleiben は「とどまっている」という意味ですから場所も状態も変化しません
ザイン　ブライベン
が sein をとる例外です。
ザイン

 現在完了と過去の使い分け

日常会話では現在完了が多く使われます。逆に過去形がもっぱら使われるのは以下の場合です。

❶ sein, haben と wollen などの話法の助動詞
ザイン　ハーベン　ヴォーレン

例 **Ich war krank und hatte Fieber.**　　私は病気で熱がありました。
イッヒ　ヴァー　クランク　ウント　ハッテ　フィーバー

❷メルヘンや小説などで過去のことを物語るとき

例 **Es war einmal ein König.**　　昔々1人の王様がいました。
エス　ヴァー　アインマル　アイン　ケーニッヒ

聞いて 書いてみよう

いつ　来たの？

Wann　bist du gekommen ?
ヴァン　　　　　ビスト　　ドゥ　　　　ゲコメン

* kommen – kam – gekommen
　　コメン　　カーム　　ゲコメン

お前も　大きくなったなぁ。

Du　bist aber groß geworden .
ドゥ　　　　ビスト　　アーバー　　グロース　　　　ゲヴォルデン

* werden – wurde – geworden
　ヴェールデン　ヴルデ　　ゲヴォルデン
* aber ＝間投詞的に「ほんとうに」と驚きを表しています。
　アーバー

私は　1人で　ホテルに　とどまっていました。

Ich bin alleine im Hotel geblieben .
イッヒ　　ビン　　アライネ　　　イム　ホテール　　　ゲブリーベン

* bleiben – blieb – geblieben　　　　　　　前 im 〜で：in + dem の融合形 (→ P.59)
　ブライベン　ブリーブ　ゲブリーベン　　　　　　　　イム　　　　イン　　デム

単語 CHECK!

- [ ] **fahren – fuhr – gefahren** 動　　（車で）行く
　　ファーレン　　フーア　　ゲファーレン
- [ ] **krank** 形　　　　　　　　　病気の
　　クランク
- [ ] **Es war einmal** 〜「昔々あるところに〜」
　エス ヴァー アインマル　（メルヘンの書き出しの文句）

- [ ] **der König –e** 男　　王様
　デア ケーニッヒ
- [ ] **allein(e)** 副　　1人で
　アライン(ネ)
- [ ] **das Hotel –s** 中　　ホテル
　ダス ホテール

13 戻ってきました

いつ 帰ってきたのですか？

Wann sind Sie zurückgekommen ?

ヴァン　　　ズィント　ズィー　　　　　　　ツールックゲコメン

学習のポイント

> 特殊な動詞の過去分詞の作り方を学びましょう。

分離動詞の過去分詞

上の例文の動詞は zurückkommen「戻ってくる」という自動詞で「場所の
ツールックコメン
移動」を表すため、現在完了形にするときには、sein を助動詞とします。
ザイン
さらに、分離動詞なので zurück + gekommen という過去分詞になって
ツールック　　ゲコメン
います。

■ 分離動詞は過去分詞になるとき、kommen の過去分詞 gekommen に
コメン　　　　　　　ゲコメン
前つづりが融合します。

例 **zurück + gekommen**
ツールック　　　ゲコメン

同様に、einschlafen「眠り込む」ならば、schlafen の過去分詞 geschlafen に前つづり ein- が融
アインシュラーフェン　　　　　　　　　　シュラーフェン　　　　　　　ゲシュラーフェン
合して eingeschlafen となります。
アインゲシュラーフェン

例 **ein + geschlafen**
アイン　　ゲシュラーフェン

過去分詞で ge- がつかない動詞

過去分詞には規則動詞（ge__t）でも、不規則動詞（ge__en）でも、ge- がつきましたが、いくつか
ge- がつかない動詞があります。

❶ -ieren で終わる動詞：**studieren - studierte - studiert**　勉強する
シュトゥディーレン　　シュトゥディールテ　シュトゥディールト

❷ be-, emp-, ent-, er-, ge-, ver-, zer- の前つづりがつく動詞：
ベ　エンプ　エント　エア　ゲ　フェア　ツァー

bekommen - bekam - bekommen　手に入れる
ベコメン　　　　ベカーム　　　ベコメン

聞いて 書いてみよう

会議中に　眠り込んでしまった。

In der Sitzung bin ich eingeschlafen .

イン　デア　　ジッツング　　　　　ビン　イッヒ　　　　　アインゲシュラーフェン

＊「眠り込む」の意で状態の変化なので sein をとる。
ザイン

彼は　本当に　医学を　勉強していたのか？

Hat er wirklich Medizin studiert ?

ハット　　エア　　ヴィルクリッヒ　　　　メディツィーン　　　　シュトゥディールト

＊ studieren – studierte – studiert（過去分詞で ge- がつかない）
シュトゥディーレン　シュトゥディールテ　シュトゥディールト

私は　何ももらっていない！

Ich habe nichts bekommen !

イッヒ　　　　ハーベ　　　　ニヒツ　　　　　　ベコメン

＊ nichts は、英語の *nothing* にあたる。
ニヒツ

単語CHECK!

☐ **studieren** 動　　　勉強する
シュトゥディーレン

☐ **die Sitzung – en** 女　会議
ディ　ジッツング

☐ **wirklich** 副　　　本当に
ヴィルクリッヒ

☐ **die Medizin** 女　　医学
ディ　メディツィーン

☐ **nichts** 代　　　　何も〜ない
ニヒツ

☐ **bekommen** 動　　手に入れる
ベコメン

14 自らを～させる

再帰代名詞 CD 74

彼は　　いつも　　自分のことばかり　　考えている。

Er denkt immer nur an sich .

エァ　　　デンクト　　　　イマー　　　　ヌァ　アン　ズィッヒ

学習のポイント

主語と同じもの・人を指す再帰代名詞を学びます。

この文を **Er denkt immer nur an ihn.**「彼はいつも<u>彼のこと</u>ばかり考えて
エァ　デンクト　イマー　ヌァ　アン　イーン
いる」とすると、主語の **er** と目的語の **ihn** が違う人になり、たとえばノビ
タ君がいつもジャイアン君のことを考えていることになります。

主語と同じものや人を指す3格と4格の代名詞を「再帰代名詞」といいます。

1・2人称はふつうの代名詞を使います。3人称と敬称の **Sie** はすべて
　　　　　　　　　　　　　　　　　　　　　　　　　　　　　　　ズィー
sich を使います。
ズィッヒ

		単　　数	複　　数
1人称	3格	**mir** ミーァ	**uns** ウンス
	4格	**mich** ミッヒ	**uns** ウンス
2人称	3格	**dir** ディァ	**euch** オイッヒ
	4格	**dich** ディッヒ	**euch** オイッヒ
3人称	3格	**sich** ズィッヒ	**sich** ズィッヒ
	4格	**sich** ズィッヒ	**sich** ズィッヒ

再帰動詞

この再帰名詞をいつも用いてイディオム的な使い方をする動詞を「再帰動詞」といいます。

たとえば、**freuen** という動詞は「喜ばせる」という意味ですが、**sich freuen** と組み合わせて「自
フロイエン　　　　　　　　　　　　　　　　　　　　　　　　　　　　ズィッヒ　フロイエン
らを喜ばせる」→「喜ぶ」という意味になります。再帰動詞は、しばしば前置詞も組み合わせて熟
語となりますので、少しずつ覚えていきましょう。

聞いて 書いてみよう

そのソファに　おかけください。

Setzen Sie sich　auf das Sofa !

ゼッツェン　　ズィー　　ズィッヒ　　　アウフ　　　ダス　　　ゾーファ

＊ sich setzen で「自らをセットする」➡「座る」
ズィッヒ ゼッツェン

僕は　結婚式が　楽しみだよ。

Ich freue mich　auf die Hochzeit .

イッヒ　　フロイエ ・ ミッヒ　　　アウフ　ディ　　　ホッホツァイト

＊ sich freuen で「自らを喜ばせる、楽しみにさせる」➡「喜ぶ、楽しみにする」
ズィッヒ フロイエ
＊前置詞 auf のあとに「楽しみにするもの」を4格で置く。
アウフ

私は　君にしか興味がないよ。

Ich interessiere mich nur für dich .

イッヒ　　　　インテレシィーレ　　　　ミッヒ　　ヌーア　フューア　ディッヒ

＊ sich interessieren で「自らに興味をもたせる」➡「興味をもつ」
ズィッヒ インテレシィーレ
＊4格支配の前置詞 für のあとに興味の対象を置く。
フューア

単語 CHECK!

- [ ] **denken + an** ～ 動 (～のことを、4格) 考える
  デンケン　アン
- [ ] **sich setzen + auf** ～ 動 (～に、4格) 腰かける
  ズィッヒ ゼッツェン　　アウフ
- [ ] **sich freuen + auf** ～ 動 (～のことを、4格)
  ズィッヒ フロイエン　　アウフ　　　　楽しみにする

- [ ] **die Hochzeit –en** 女 結婚式
  ディ　ホッホツァイト
- [ ] **sich interessieren + für** ～ 動 (～のことに、4格)
  ズィッヒ　インテレシィーレン　　フューア　　　興味をもつ
- [ ] **nur** 副 ただ～だけ (= *only*)
  ヌーア

15 ～することは…です

zu 不定詞

お会いできて　うれしいです。

Ich freue mich , Sie zu sehen .

イッヒ　フロイエ　ミッヒ　ズィー　ツー　ゼーエン

学習のポイント

「zu 不定詞句」の使い方を学びましょう。

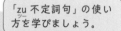

上の例文を英語に置き換えれば、*I'm glad to see you.* にあたるわけですが、ドイツ語では zu 不定詞を「，」で切り、語順としては Sie が前で、最後に zu 不定詞がきていることに注意してください。

■英語の *it* にあたる es で、zu 不定詞句を受ける場合：

例 **Es freut mich, Sie zu sehen.**
エス　フロイト　ミッヒ　ズィー　ツー　ゼーエン

文頭の Es が後ろの zu 不定詞句を受けて、「それ＝あなたに会えたこと」が「私を喜ばせる」→「うれしい」と言っているわけです。

■名詞で zu 不定詞句を受ける場合：

例 **Haben Sie Lust, noch Deutsch zu lernen?**
ハーベン　ズィー　ルスト　ノッホ　ドイッチュ　ツー　レルネン

もっとドイツ語を勉強する気はありますか？

後ろの zu 不定詞句が Lust「やる気」にかかっています。

分離動詞で zu 不定詞を作る場合

分離動詞で zu 不定詞を作る場合は、前つづりと不定詞の間に zu を入れます。

例 **einschlafen → einzuschlafen** 「眠り込む」
アインシュラーフェン　アインツーシュラーフェン

Es ist verboten, in der Sitzung einzuschlafen. 会議中の居眠りは禁止。
エス　イスト　フェァボーテン　イン　デァ　ズィツング　アインツーシュラーフェン

聞いて 書いてみよう

パリで乗り換えるのを　手伝ってあげるよ。

Ich helfe dir , in Paris umzusteigen .

イッヒ　ヘルフェ　ディア　イン　パリース　　ウムツーシュタイゲン

＊ umsteigen は分離動詞なので um と steigen の間に zu が入っている。

君といっしょに生活することは　素晴らしいな。

Es ist schön , mit dir zusammen zu leben .

エス　イスト　シェーン　　ミット　ディア　ツザメン　　ツー　レーベン

＊文頭の Es が zu 不定詞句を受けている。

あなたと話をする　時間をください。

Geben Sie mir die Zeit , mit Ihnen zu sprechen .

ゲーベン　ズィー　ミーァ　ディ　ツァイト　　ミット　イーネン　ツー　シュプレッヒェン

＊ zu 不定詞句が die Zeit にかかり「～する時間」となっている。

単語 CHECK!

- [ ] **die Lust** 女　　気持ち、やる気
  ディ　ルスト

- [ ] **verboten** 形 副　禁止されている
  フェァボーテン
  　　　　（verbieten の過去分詞が形容詞・
  　　　　フェァビーテン
  　　　　副詞として使われる）

- [ ] **helfen** 動　　助ける（助ける「相手」を3格で）
  ヘルフェン

- [ ] **zusammen** 動　いっしょに
  ツザメン

- [ ] **leben** 動　　生きる
  レーベン

Kapitel 3

おさらい練習

▶ ここまでに覚えた内容をおさらいしましょう。解答は P.111 にあります。

1 （　）内に入れるのに最も適当な動詞・助動詞の形を、下の❶～❸の中から１つ選びましょう。

a) Mein Hund (　　　　　) auf dem Sofa.　　　私の犬はソファの上で寝ています。

　　❶ schlafen　　　　❷ schlafe　　　　❸ schläft

b) Er (　　　　) gut Deutsch.　　　　　彼は上手にドイツ語を話す。

　　❶ sprechen　　　❷ spricht　　　❸ sprichst

c) Sie (　　　　) viel lernen.　　　　　あなたはたくさん学ばなければならない。

　　❶ wollen　　　　❷ müssen　　　❸ können

d) Ich (　　　) nicht schlafen.　　　　私は眠れない。

　　❶ will　　　　❷ muss　　　❸ kann

e) (　　　) wir tanzen!　　　　　踊ろうぜ！

　　❶ Wollen　　　❷ Dürfen　　　❸ Sollen

f) Für dich (　　　) ich alles tun.　　　君のためなら何でもするよ。

　　❶ werden　　　❷ werde　　　❸ wird

2 （　）内に入れるのに最も適当な分離動詞の前つづりを、下の❶～❸の中から1つ選びましょう。

a) Ich steige hier (　　　).　　　　　私はここで降ります。

　　❶ ein　　　　❷ um　　　　❸ aus

b) Er kommt um 7 Uhr in Haneda (　　　).　　彼は７時に羽田に着きます。

　　❶ ein　　　　❷ an　　　　❸ her

3 （　）内に入れるのに最も適当な動詞・助動詞を、下の❶～❸の中から1つ選び、正しい時制にしましょう。

a) Wo (　　　) du gestern?　　　　　昨日はどこにいたの？

　　❶ bist　　　　❷ war　　　　❸ warst

b) Gestern (　　　) ich keine Zeit.　　　昨日は時間がありませんでした。

　　❶ habe　　　　❷ hatte　　　❸ hat

c) Gestern (　　　) viele Freunde zu mir.

昨日、たくさんの友人たちがうちに来てくれました。

　　❶ kommen　　　❷ kam　　　❸ kamen

d) Gestern habe ich dich (　　　　). 　　　昨日君を見かけたよ。

　❶ sehen 　　　　❷ sah 　　　　❸ gesehen

e) Er hat mich nicht lange (　　　). 　　　彼は私を長くは愛してくれませんでした。

　❶ lieben 　　　　❷ liebte 　　　　❸ geliebt

f) Was (　　　) du gekauft? 　　　何を買ったの？

　❶ hast 　　　　❷ bist 　　　　❸ hattest

g) Wann (　　　) du gekommen? 　　　いつ来たの？

　❶ hast 　　　　❷ bist 　　　　❸ war

h) In der Sitzung bin ich (　　　　). 　　会議中に眠り込んでしまった。

　❶ einschlafen 　　❷ eingeschlafen 　❸ schlaf ein

i) Hat er wirklich Medizin (　　　　)? 　彼は本当に医学を勉強していたのか？

　❶ studieren 　　　❷ gestudiert 　　❸ studiert

j) Ich habe nichts (　　　　)! 　　　私は何ももらっていない！

　❶ bekommen 　　❷ bekam 　　　❸ begekommen

4 （　）内に入れるのに最も適当なものを、下の❶～❸の中から１つ選びましょう。

a) Ich liebe (　　　) Frau. 　　　　私は妻を愛しています。

　❶ mein 　　　　❷ meine 　　　　❸ meinen

b) Ich spreche oft mit (　　　) Frau. 　私は妻とよく話をします。

　❶ mein 　　　　❷ meine 　　　　❸ meiner

c) (　　　) Hund ist süß. 　　　　彼の犬はかわいい。

　❶ Mein 　　　　❷ Sein 　　　　❸ Unser

5 （　）内に入れるのに最も適当な再帰代名詞を、下の❶～❸の中から1つ選びましょう。

a) Setzen Sie (　　　)! 　　　　おかけください。

　❶ sie 　　　　❷ Ihnen 　　　　❸ sich

b) Ich freue (　　　) auf die Hochzeit. 　僕は結婚式が楽しみだよ。

　❶ mir 　　　　❷ mich 　　　　❸ sich

おさらい練習

6 （　）内に入れるのに最も適当な言葉を、下の❶～❸の中から1つ選びましょう。

a) Ich habe keine Zeit, mit Ihnen (　　　　　　　　　　).

あなたとお話しするひまはありません。

　❶ sprechen　　　　　❷ zu sprechen　　　　　❸ sprechen zu

b) Ich helfe dir, in Paris (　　　　　　　). パリで乗り換えるのを手伝ってあげるよ。

　❶ umsteigen　　　　　❷ zu umsteigen　　　　　❸ umzusteigen

7 それぞれのドイツ語の文が意味する絵を下の❶～❼の中からそれぞれ1つずつ選びましょう。

a) Es regnet.　　b) Es schneit.　　c) Es ist kalt.　　d) Es ist warm.

e) Es ist 3 Uhr.　f) Es geht mir gut!　g) Es gibt einen Tisch.

8 次のメールの文を読んで、下の a) ~ d) の質問に対する正しい答えを❶~❸の中から
それぞれ 1 つずつ選びなさい。

Liebe Anna,

Wo warst du gestern? Ich habe dich in der Schule gesucht.
Ich wollte dich fragen;   hast du morgen Abend Zeit? Mein Hund,
Frederick, hat morgen Geburtstag! Wir machen zu Haus eine Party.
Kannst du kommen? Bitte antworte gleich!

Deine Maria

---

* suchen – suchte – gesucht 「探す」
* Zeit haben 「ひまがある、時間がある」
* gleich 「すぐに」

a) このメールは誰が誰に出したものですか？
　❶ Anna が Maria へ　　　❷ Maria が Anna へ　　　❸ Anna が Frederick へ

b) 昨日、Maria はどこにいたのでしょう？
　❶ パーティ会場　　　　❷ 家　　　　　　　❸ 学校

c) 明日が誕生日なのは誰でしょう？
　❶ Maria の犬 Frederick　❷ Anna の弟 Frederick　❸ Maria の弟 Frederick

d) 明日のパーティはどこで開かれるのでしょう？
　❶ 学校　　　　　　　❷ Maria の家　　　　❸ Anna の家

地図で覚えよう ドイツ周辺の国々

CD 76

die Niederlande

Belgien

Luxemburg

Frankreich

die Schweiz

Dänemark

Deutschland

Polen

Tschechien

Österreich

Italien

デンマーク	オランダ	ベルギー
Dänemark	**die Niederlande**	**Belgien**
デーネマルク	ディ ニーダーランデ	ベルギエン

ルクセンブルク	フランス	イタリア
Luxemburg	**Frankreich**	**Italien**
ルクセンブルク	フランクライヒ	イターリエン

ドイツ	スイス	オーストリア
Deutschland	**die Schweiz**	**Österreich**
ドイッチュラント	ディ シュバイツ	エスターライヒ

チェコ	ポーランド	
Tschechien	**Polen**	
チェヒエン	ポーレン	

> **覚えるヒント** die Niederlande「オランダ」には、nieder「低い」、Land「国、土地」が隠れていて、直訳すれば「低い土地の国」となります。Frankreich は、Frank「フランク族」+ Reich「帝国」で、「フランク王国」という国が昔あったのを覚えていますか？
> Österreich は、ost「東、東方の」+ Reich「帝国」で直訳すれば「東方帝国」です。

ドイツへクリスマスカードを送ろう　～宛名の書き方～

Yoko Yamamoto　……差出人氏名

❶ Hongo 1-38　……町名・番地
Bunkyo-ku Tokyo　……市町村・区
123-3001　JAPAN　……郵便番号・国名

❷ Herrn Peter Steinberger　……宛名
❸ Grimmstr. 12　……通り・家の番号
❹ 124321 Berlin　……郵便番号・市町村
Germany　……国名

❶ **Hongo 1-38** …… 町名・番地の順番を英語式に **1-38 Hongo** と逆に書くこともありますが、返信をもらったときに、日本の郵便配達の人にわかりやすいように、日本式に書いたほうがよいでしょう。

❷ **Herrn Peter Steinberger** ……「～宛て」と書くときは3格になるので、男性の場合 **Herr**（よく使うのに、男性弱変化名詞という特殊な変化をする名詞です）の3格で **Herr-n** となります。
ドイツ語圏では、相手が先生ならば、**Herrn Prof. Dr.** とまず肩書きをつけてあげます。
女性の場合は **Frau** をつけます。本来は未婚の女性に使う **Fräulein** という言葉もありますが、英語の *miss* 同様にあまり使われなくなっています。

❸ **Grimmstr.** ……「グリム通り」という意味で、**str.** は「通り」を意味する **Straße**（英 *street*）の略です。

❹ **Germany** …… 日本の郵便局でまずは国別に分けてもらうので、英語で書きましょう。特に **Austria** は、カンガルーのいる国に送られないように、日本語で「オーストリア」と書き添えましょう。

■ ドイツ語でサッカーを応援しよう！

ゴール！　ゴール！　ゴール！

Tor! Tor! Tor!
トーア　　トーア　　トーア

サッカー	すごい！	
der Fußball デア　　フースバル	**Gut! / Super! / Cool! / Spitze!** グート　　　ズーパァ　　　クール　　　シュピッツェ	
シュートする	速い	強い
schießen シーセン	**schnell** シュネル	**stark** シュタルク
チーム	選手	フォワード
die Mannschaft ディ　　　マンシャフト	**der Spieler** デア　　シュピーラー	**der Stürmer** デア　　シュトゥルマー
ディフェンダー	ゴールキーパー	ゴール
der Verteidiger デア　　フェアタイディガー	**der Torwart** デア　　トーアヴァルト	**das Tor** ダス　　トーア

■ ブラームスはお好き？

ブラームスはお好き？

Lieben Sie Brahms?
リーベン　　　ズィー　　ブラームス

オーケストラ	作曲家	指揮者
das Orchester ダス　　　オルケスター	**der Komponist** デア　　コムポニスト	**der Dirigent** デア　　ディリゲント
交響曲	ソナタ	ピアノ
die Sinfonie ディ　　　ズィンフォニー （Symphonie とも書く）	**die Sonate** ディ　　　ゾナーテ	**das Klavier** ダス　　クラヴィーア
バイオリン	フルート	第九交響曲
die Geige ディ　　ガイゲ	**die Flöte** ディ　　フレーテ	**die neunte Sinfonie** ディ　　ノインテ　　　ズィンフォニー

CD
77

CD
78

これだけは覚えたい動詞の現在活用

❶ 規則動詞の現在活用　《例＝ wohnen 「住む」》ヴォーネン

	単　数			複　数	
1人称	私は	**ich wohne** ヴォーネ	私たちは	**wir wohnen** ヴォーネン
2人称	君は	**du wohnst** ヴォーンスト	君たちは	**ihr wohnt** ヴォーント
	あなたは	**Sie wohnen** ヴォーネン	あなたたちは	**Sie wohnen** ヴォーネン
3人称	彼は	**er wohnt** ヴォーント	彼らは	**sie wohnen** ヴォーネン
	彼女は	**sie wohnt** ヴォーント	彼女らは	
	それは	**es wohnt** ヴォーント	それらは	

❷ sein (= *be* 動詞) の現在活用
ザイン

	単　数			複　数	
1人称	私は	**ich bin** ビン	私たちは	**wir sind** ズィント
2人称	君は	**du bist** ビスト	君たちは	**ihr seid** ザイト
3人称	彼は	**er ist** イスト	彼らは	**sie sind** ズィント

❸ haben (= *have* 動詞) の現在活用
ハーベン

	単　数			複　数	
1人称	私は	**ich habe** ハーベ	私たちは	**wir haben** ハーベン
2人称	君は	**du hast** ハスト	君たちは	**ihr habt** ハープト
3人称	彼は	**er hat** ハット	彼らは	**sie haben** ハーベン

④ werden (= *become*) の現在活用
ヴェールデン

	単　　数			複　　数	
1人称	私は	**ich werde** ヴェールデ	私たちは	**wir werden** ヴェールデン	
2人称	君は	**du wirst** ヴィルスト	君たちは	**ihr werdet** ヴェールデット	
3人称	彼は	**er wird** ヴィルト	彼らは	**sie werden** ヴェールデン	

⑤ 話法の助動詞の現在活用　《例= können (〜できる)》
ケネン

	単　　数			複　　数	
1人称	私は	**ich kann** カン	私たちは	**wir können** ケネン	
2人称	君は	**du kannst** カンスト	君たちは	**ihr könnt** ケント	
3人称	彼は	**er kann** カン	彼らは	**sie können** ケネン	

	müssen ミュッセン 〜せねばならない	**dürfen** ドゥルフェン 〜してよい	**wollen** ヴォレン 〜するつもりである	**sollen** ゾレン 〜すべきである	**mögen** メーゲン 〜を好む、 〜かもしれない
ich	**muss** ムス	**darf** ダルフ	**will** ヴィル	**soll** ゾル	**mag** マーク
du	**musst** ムスト	**darfst** ダルフスト	**willst** ヴィルスト	**sollst** ゾルスト	**magst** マークスト
er	**muss** ムス	**darf** ダルフ	**will** ヴィル	**soll** ゾル	**mag** マーク
wir	**müssen** ミュッセン	**dürfen** ドゥルフェン	**wollen** ヴォレン	**sollen** ゾレン	**mögen** メーゲン
ihr	**müsst** ミュッスト	**dürft** ドゥルフト	**wollt** ヴォルト	**sollt** ゾルト	**mögt** メークト
sie	**müssen** ミュッセン	**dürfen** ドゥルフェン	**wollen** ヴォレン	**sollen** ゾレン	**mögen** メーゲン

これだけは覚えたい動詞の過去形

《例：sein の過去形 war》
ザイン　　　　　ヴァー

		単　　数			複　　数
1人称	私は	**ich war** ヴァー	私たちは	**wir waren** ヴァーレン
2人称	君は	**du warst** ヴァールスト	君たちは	**ihr wart** ヴァールト
3人称	彼は	**er war** ヴァー	彼らは	**sie waren** ヴァーレン

これだけは覚えたい冠詞の変化

① 定冠詞

	男　　性		女　　性		中　　性		複　　数	
1格	**der** デア	Hund	**die** ディ	Katze	**das** ダス	Kind	**die** ディ	Kinder
2格	**des** デス	Hundes	**der** デア	Katze	**des** デス	Kindes	**der** デア	Kinder
3格	**dem** デム	Hund	**der** デア	Katze	**dem** デム	Kind	**den** デン	Kindern
4格	**den** デン	Hund	**die** ディ	Katze	**das** ダス	Kind	**die** ディ	Kinder

② 不定冠詞

	男　　性		女　　性		中　　性	
1格	**ein** アイン	Hund	**eine** アイネ	Katze	**ein** アイン	Kind
2格	**eines** アイネス	Hundes	**einer** アイナー	Katze	**eines** アイネス	Kindes
3格	**einem** アイネム	Hund	**einer** アイナー	Katze	**einem** アイネム	Kind
4格	**einen** アイネン	Hund	**eine** アイネ	Katze	**ein** アイン	Kind

これだけは覚えたい人称代名詞の変化

単数	1人称	2人称 （親称）	3人称			複数	1人称	2人称 （親称）	3人称
1格	**ich** イッヒ	**du** ドゥ	**er** エア	**sie** ズィー	**es** エス	1格	**wir** ヴィーア	**ihr** イーア	**sie** ズィー
3格	**mir** ミァ	**dir** ディア	**ihm** イーム	**ihr** イーア	**ihm** イーム	3格	**uns** ウンス	**euch** オイッヒ	**ihnen** イーネン
4格	**mich** ミッヒ	**dich** ディッヒ	**ihn** イーン	**sie** ズィー	**es** エス	4格	**uns** ウンス	**euch** オイッヒ	**sie** ズィー

おさらい練習　解答

::: Kapitel **1**　（→ P.28）

1 ❶ ＊ eu 、äu はいずれも［オイ］と読みます。

　①車　　　②今日　　　③友人　　　④木々（複数）

2 ❷ ＊母音のあとにある子音が、２つ以上あるときは短く読みます。

　①よい　　②口　　　③叫ぶ　　　④列車

3 ❷

　①こんにちは！　　③おはよう！　　　　⑤おやすみ！

4 ❶「ありがとう、元気です！」

　②OK!　　　　③どういたしまして！　　④バイバイ！

5 ❸

　①ハロー！　　　②それでそちらは？　　④いいえ、けっこうです！

6 ❸「コーラ？　けっこうです！」

　①コーラがほしいのですが！

　②コーラはありますか？

　④コーラを飲みませんか？

7 ❸「私は今駅にいます。」

　①駅にはどう行ったらいいですか？

　②駅はどこですか？

　④駅へ行きたいのですが。

8 ❹

　①Sechs und acht.

　②Sieben und neun.

　③Sechs und neun.

::: Kapitel **2**　（→ P.68）

1 a) ❷　b) ❸　c) ❷

　c) Sie に対する命令は Kommen Sie hier her! 、ihr に対する命令は Kommt hier her!

2 a) ❸「あなたは犬を飼っていますか？」

　b) ❷「私は猫を飼っています。」

c) ❸「私たちはその子を愛しています。」

＊ a) ～ c) までいずれも 4 格を入れます。

3 a) Was　　b) Wie　　c) Wo　　　　d) Wann

4 a) aus　　b) für　　c) unter　　d) mit　　　e) ohne

⠿ Kapitel 3　(→ P.100 ～ 103)

1 a) ❸　b) ❷　c) ❷　d) ❸　e) ❶　f) ❷（未来形で意思を表す）

2 a) ❸　b) ❷

3 a) ❸　b) ❷　c) ❸　d) ❸　e) ❸　f) ❶　g) ❷　h) ❷　i) ❸　j) ❶

　h) 分離動詞 ein | schlafen の過去分詞

　i) -ieren で終わる動詞は過去分詞で ge- がつかない

　j) 前つづり be- は非分離なので -ge- が入らない

4 a) ❷　b) ❸　c) ❷

　b) mit は 3 格支配の前置詞

5 a) ❸　b) ❷

6 a) ❷　b) ❸

　b) um | steigen のように分離動詞の場合は前つづりとの間に zu が入る

7 a) ❺ 雨が降る。　b) ❻ 雪が降る。　c) ❶ 寒い。　d) ❷ 暖かい。

　e) ❸ 3 時です。　f) ❹ 元気です！　g) ❼ 机が 1 台あります。

8 a) ❷　b) ❸　c) ❶　d) ❷

（メールの訳）

> Anna へ、
>
> 　昨日はどこにいたの？　学校であなたを探したのよ。聞きたかったのは、あなたが明日の夕方時間があるかということなの。私の犬の Frederick が明日誕生日なの。私たちはおうちでパーティを開くの。あなたは来られる？すぐにお返事ちょうだいね！
>
> Maria より

著者紹介

山路　朝彦（やまじ　あさひこ）

1953年京都市生まれ。1981年東京外国語大学大学院外国語学研究科ゲルマン系言語専攻ドイツ語修士課程修了。ドイツ・ボン、テュービンゲン大学留学。1986年獨協大学に就職、現在、同大学外国語学部ドイツ語学科教授。

主たる研究分野：ドイツ文学、ドイツ語教授法。ドイツ語教育に関しては、ドイツ・ゲーテ・インスティトゥート・ミュンヘン本部（1989-1990）、ドイツ・デュースブルク大学（2001－2002）で研修。1992年～1998年の間、ＮＨＫドイツ語ラジオ、テレビ講座講師を兼務。

主なドイツ語辞典・教科書・参考書：『ドイツ言語学辞典』（紀伊国屋書店）、『Deutschland heute』（三修社）、『コレクション・ドイツ語 (1) 入門』（白水社）、『はじめてのドイツ語』（ナツメ社）他。

● 編集・制作　　　　オフィスミィ
● 装丁　　　　　　　スーパーシステム
● イラスト　　　　　TAMAGOPOTATO
● CD録音　　　　　一般財団法人　英語教育協議会（ELEC）
　　　　　　　　　　● ドイツ語ナレーター：Marita Krambeck、Franziska Ritt
　　　　　　　　　　● 日本語ナレーター：守屋政子、春田ゆり

CD収録時間：51分56秒

本書の付属CDは、CDプレーヤーでの再生を保証する規格品です。本書の付属CDには、タイトルなどの文字情報はいっさい含まれておりません。CDをパソコンなどに読み込んだ際、文字情報が表示されることがありますが、それは弊社の管理下にはないデータが取り込まれたためです。あらかじめご了承ください。

※本書は、弊社から2013年に刊行された『ゼロから始める 書き込み式ドイツ語BOOK』を、一部修正のうえ再編集したものです。

ゼロから始める 書き込み式ドイツ語BOOK

著　者　山路朝彦

発行者　深見公子

発行所　成美堂出版
　　　　　〒162-8445　東京都新宿区新小川町1-7
　　　　　電話(03)5206-8151　FAX(03)5206-8159

印　刷　TOPPAN株式会社

©SEIBIDO SHUPPAN 2023　PRINTED IN JAPAN
ISBN978-4-415-33357-1
落丁・乱丁などの不良本はお取り替えします
定価はカバーに表示してあります